DAS GROSSE BUCH VON BABYBREI & BEIKOST

Der sichere Einstieg:
abwechslungsreiche Baby-Kost

A
B
C

DAS GROSSE BUCH VON BABYBREI & BEIKOST

Der sichere Einstieg:
abwechslungsreiche Baby-Kost

KNEIPP
VERLAG WIEN

INHALT

Vorwort von Ingeborg Stadelmann 7
Eine kulinarische Entdeckungsreise mit Ihrem Baby 11
Hinweise für den Gebrauch des Buches 12
Vom Säugling zum Kleinkind 15
Extraküche für das Baby? 22
Lebensmittelkunde: das Beste für das 1. Lebensjahr 24
Vegetarische und vegane Beikost 43
Genießen mit allen Sinnen: schlürfen, schmatzen, „Essen fassen“ 46
Responsive feeding 49

SCHRITT FÜR SCHRITT ZUR BEIKOST **51**

Der Ernährungsplan für das 1. Lebensjahr 52
- Beikostplan 52
- Der erweiterte Gemüsebrei (Gemüse-Kartoffel/Getreide-Fleisch/Fisch/Ei/Hülsenfrüchte-Brei) 55
- Der Milchbrei (Milch-Getreide-Brei) 57
- Der Obstbrei (Obst-Getreide-Brei) 58
- Frühstück 59

GRUNDREZEPTE 60

- Gemüsebrei 63
- Milchbrei 68
- Obstbrei 69

5.–7. MONAT 71

- Gemüsebrei 72
- Obstbrei 88
- Milchbrei 98

8.-10. MONAT 105

Gemüsebrei 106
Obstbrei 122
Milchbrei 126

AB DEM 11. MONAT – FAMILIENREZEPTE 131

Gemüsebrei & Familienrezepte 132
Obstbrei & Familienrezepte 143
Milchbrei & Familienrezepte 147

BACKREZEPTE & FINGERFOOD 151

GESUND ESSEN WIE DIE GROSSEN: ERNÄHRUNG IM 2. LEBENSJAHR 165

Extra: Allergieprophylaxe 170

ALLES AUF EINEN BLICK 179

Rezepte nach Kapiteln und Altersgruppen 180
Breirezepte mit Altersangaben 183
Familienrezepte 185
Wegweiser Zutaten 186
Wegweiser Ernährung 187
Nützliche Adressen 188
Literatur/Quellen 189

ZUM BEIKOSTPLAN

VORWORT VON INGEBORG STADELMANN

Wann und was kann oder darf ich meinem Baby als Beikost füttern? Wie bereite ich Babynahrung zu? Müssen es Fertiggläschen sein? Wenn ja, welche? Wenn nein, wie fertige ich Babybreie selber richtig an? Wo kann ich das alles nachlesen?

Derlei Fragen werden mir seit Jahren gestellt. Junge Mütter sind auf der Suche nach einer kompetenten Fachperson, die ihnen bei den Fragen rund um die erste Babykost zur Seite steht. Wir Hebammen sind für die Mütter Ansprechpartnerinnen bis zum Ende der Stillzeit. Muttermilch ist für die ersten Lebensmonate des Kindes die bevorzugte Nahrung und zunächst durch nichts perfekt zu ersetzen. Kaum klappt es mit dem Stillen – die junge Familie hat sich aneinander gewöhnt und die mehr oder weniger unruhigen Nächte gehören zum Alltag –, kommt schon die nächste Herausforderung auf die Eltern zu. Seit Generationen bewegt das Thema Beikost junge Familien. Doch viel Wissen ist im Laufe der letzten Jahrzehnte verloren gegangen: zum einen durch Verwendung industriell vorgefertigter Gerichte oder industriell veränderter Nahrungsmittel, zum anderen weil die meisten Mütter und Väter das Zubereiten von Baby- und Kleinkindkost in der eigenen Familie selbst nicht vorgelebt bekamen. In den Großfamilien war das früher noch üblich.

Ob nun bereits im 5. Lebensmonat oder erst im 7., mit mehr oder weniger Appetit verlangt jedes Kind nach fester Nahrung und bevorzugt Frisches vom Tisch der Eltern. Damit dieser Übergang Mutter, Vater und Kind Freude bereitet, bedarf es einer gewissen Grundinformation. Mit dem Baby kommt für viele Mütter und Väter die Chance, sich als Köch:innen zu üben und sich Gedanken zu machen, woraus gesunde Babykost bestehen soll.

Die erste feste Nahrungsaufnahme bedeutet nicht nur, den Hunger zu stillen, sondern die erste kleine Trennung von der intensiven Mutter-Kind-Stillbeziehung, loszulassen also von einer starken Bindung und sich einer neuen Welt anzuvertrauen, die vieles und zunächst auch Unbekanntes zu bieten hat. Es beginnt im Kreis der Familie, am Tisch bei den Erwachsenen. Am Tisch, der symbolisch oft als runder Tisch bezeichnet wird, an dem Probleme gelöst werden können. An diesem also hat das Kind nun einen festen Platz und erlebt die Welt nicht mehr in einer liegenden und behüteten, sondern in einer aufrechten, den-anderen-ins-Auge-blickenden Körperhaltung. Aus dem gestillten „Liegling" wird nun ein sitzendes Kleinkind.

Nicht nur für Mutter und Kind, auch für die Väter beginnt nun eine neue Lebensphase. Bislang war zwischen der stillenden Partnerin und dem Kind eine sehr innige Beziehung, der er als Vater manchmal eher macht- und hilflos gegenüberstand. Jetzt kommt auch er in die Lage, dem Kind Nahrung zu geben. Nahrungsaufnahme über den Mund stillt tatsächlich viele Bedürfnisse des Kindes, nicht nur den Hunger, sondern auch die nach Nähe und Zufriedenheit. Sicherlich ist dies nicht

nur dem Stillen und Essen vorbehalten, denn jede Form von Hautkontakt schenkt dem Kind große Geborgenheit. Mit Beginn der Beikost kann auch der Vater seiner Rolle des Ernährers im wahrsten Sinne des Wortes gerecht werden. Es ist die Gelegenheit für ihn, eine wunderbare Vater-Kind-Beziehung aufzubauen. Sofern es irgendwie machbar ist, ist es ratsam, so viele Mahlzeiten wie möglich gemeinsam einzunehmen; manche Väter nutzen in dieser Lebensphase des Kindes auch die Möglichkeit zur Elternzeit.
Wenn Essen Freude macht und die Mahlzeiten gar im Kreis der Familie gemeinsam eingenommen werden, dann können die ersten Grundsteine für ein intaktes Familienleben gesetzt werden. Das Erfahrene in der Kindheit macht es im späteren Leben möglich, dies an die eigenen Kinder weiterzugeben. Da unser Erinnerungshirn auch diese Lebenserfahrung abspeichert, ob positiv oder negativ, ist es sinnvoll, gut informiert und mit frohem Mut die ersten Esserfahrungen des Kindes zu begleiten. Hat es erst mal erlebt, dass Essen etwas Schönes ist und frisches Gemüse schmeckt, sind die ersten Weichen für eine gesunde Ernährung bereits gestellt. Und dass gesundes Essen der Grundstock für ein gesundes Leben ist, das wusste schon Hippokrates, dessen Spruch bis heute Gültigkeit hat: „Lasst eure Lebensmittel eure Heilmittel sein."

Das vorliegende Kochbuch für die ganze Familie liefert Ihnen Antworten auf Ihre Fragen. Hier kann ich ein weiteres gutes und aus Erfahrung geschriebenes Buch zum Thema „Gesunde Beikost für Ihr Baby" mit gutem Gewissen empfehlen. Auf den folgenden Seiten finden Sie als junge Eltern nicht nur nahrhafte und einfach zuzubereitende Babykost, sondern auch Einblicke in die Lebensmittelkunde. Fachlich kompetent klärt die Autorin auf, was Babys und Kinder in welchem Alter essen dürfen und wie die Eltern es am besten zubereiten. Jede Seite zeigt: Hier wird keine Theorie vermittelt, sondern das Kochbuch ist aus eigener Erfahrung am Küchenherd entstanden – von und mit und für Familien mit Kindern. So schmeckt Essen, macht es der ganzen Familie Spaß und alle treffen sich gerne zu den gemeinsamen Mahlzeiten am großen Tisch.
Doch nicht nur die Zubereitung, auch die Qualität der Lebensmittel spielt eine wichtige Rolle. Beim Lesen des ersten Kapitels wird deutlich, dass die sorgfältige Auswahl der Zutaten und die Qualität der Produkte für ein gesundes Essen sehr wichtig sind. Wenn die Eltern sich ein wenig mit Lebensmittelkunde beschäftigt haben, also etwa wissen, welches Speiseöl ein hochwertiges Lebensmittel ist, sieht der Einkaufszettel gleich anders aus. Auch dazu liefert das Buch Informationen, ebenso wie zu dem brisanten Thema möglicher Lebensmittelallergien, auf das die Autorin kurz und prägnant eingeht. Hier spricht die Fachfrau aus der Pharmazie.
Mit dem Kapitel „Genießen mit allen Sinnen" trifft die erfahrene Mutter sicher mitten ins Schwarze. Folgen Sie ihren Worten und nutzen Sie das Buch als Wegweiser beim Abenteuer „Essen am Familientisch". Es ist wichtig und wertvoll, dass Kinder

das Genießen mit allen Sinnen - schlürfen, schmatzen, „Essen fassen" – lernen dürfen. Und wenn Oma oder Opa meinen: „Also so eine Sauerei am Essenstisch, wo gibt es das denn?", werden Sie überzeugt antworten: „Bei uns!" Warum sollten unsere Kinder die kleinkindgerechten Hochstühle mit waschbarer Plastikschale und die großen, ebenfalls waschbaren Stofflätzchen nicht wirklich nutzen dürfen? So lernt das Kind, vom Fingerfood bis zum Essen mit Löffel und Gabel, spielerisch und genussvoll. Dieses Buch wird Ihnen tatsächlich helfen, gutes und kinderfreundliches Kochen und Essen umzusetzen, und zeigt, dass dies gar nicht so schwierig ist.

Nun hoffe ich, Sie sind mit mir einer Meinung: Es gibt auch eine Gourmetküche für Familien mit Kindern. Und: Erziehung ist Vorleben – gemeinsames Kochen die Grundlage einer glücklichen Familie. Denn Liebe geht nun mal durch den Magen. Diesem wertvollen Buch wünsche ich von Herzen, dass es den Buchmarkt erobert und in vielen Familien nicht nur gelesen, sondern das Geschriebene auch mit Freude umgesetzt wird.

Ihre Ingeborg Stadelmann
WIGGENSBACH, FRÜHJAHR 2018

VORWORT ZUR ERWEITERTEN NEUAUFLAGE

Der Übergang zu einer kindes- und familienorientierten Ernährung, heute bekannt als responsives Füttern, gelingt über die Kommunikation aller Beteiligten miteinander – über Blicke, Gesten, Mimik und Laute. Genau das ermöglichen gemeinsame Familienmahlzeiten schon immer – sie bieten ganz besonders wichtige Momente, des sich Zuhörens, Erzählens, sich gegenseitigen Wahrnehmens und dabei die unterschiedlichen und individuellen Bedürfnisse der Familienmitglieder zu erkennen. Genießen Sie gemeinsam diese neue Lebensphase.

Ihre Ingeborg Stadelmann
WIGGENSBACH, FRÜHJAHR 2024

JETZT GEHT'S LOS!

UNSERE KULINARISCHE ENTDECKUNGSREISE STARTET

BRUST/FLÄSCHCHEN
DAMIT GING ES LOS _______________

BREI ZUM ERSTEN MAL PROBIERT AM _______________

FINGERFOOD
ZUM ERSTEN MAL
PROBIERT AM _______________

DER ERSTE
TRINKVERSUCH AM _______________

DER ERSTE
ZAHN IST DA _______________

FAMILIENESSEN
ZUM ERSTEN MAL
PROBIERT AM _______________

EINE KULINARISCHE ENTDECKUNGSREISE MIT IHREM BABY

Ganz egal, ob Sie Ihr erstes oder Ihr drittes Baby an die Beikost heranführen wollen: Jedes Baby ist anders und Sie werden eine aufregende Entdeckungsreise starten und ihr Kleinkind auf seinem Weg und seinem Entdecken sicher und mit Freude begleiten wollen. Immer mehr wird der Individualität eines jeden Babys und einer jeden Familie Respekt und Wertschätzung entgegengebracht und Ernährung und Essen als ein wesentliches soziokulturelles Miteinander verstanden. Sei es bei der Auswahl der Ernährungsformen, hier haben sich die pflanzenbetonten Ernährungsweisen immer mehr etabliert, oder auch dem kulturellen Hintergrund der Eltern, der sich auf die Auswahl der Lebensmittel auswirkt. Und vielleicht wird dann im Lauf der gemeinsamen kulinarischen Entdeckungsreise eine neue Familien-Ernährungs- und Esskultur geprägt? Wichtig sind in jedem Fall Genuss und Freude und ein wertschätzendes und kommunikatives Miteinander, was mit der Methode des *responsive feeding* allen Familien von Geburt bis ins Kindesalter empfohlen wird. Bewusste Ernährung bedeutet nicht jedem neuen Trend und Lifestyle zu folgen, sondern individuell und gezielt mit nahrhaften Lebensmitteln in höchster Qualität, idealerweise aus ökologischem Anbau, von der Schwangerschaft bis ins hohe Alter eine vollwertige, bekömmliche und nährstoffdeckende Nahrungsauswahl zu treffen.

Liebe Eltern, liebe Großeltern, liebe Hebammen, Ernährungsfachmenschen, Erzieherinnen und Erzieher, Pflegerinnen und Pfleger, Tagesmütter und Tagesväter, gehen Sie gemeinsam mit Ihren Kindern auf kulinarische Entdeckungsreisen und seien Sie selber offen für viele schöne Essmomente und genussvolle Erfahrungen, die jedes Kind und jede Familie auf ihre Art und Weise machen werden. **Jedes Kind ist einzigartig und individuell – und ebenso individuell sind auch sein Essverhalten und seine Ernährungsvorlieben.**

SO MACHT ESSEN FREUDE

Lassen Sie das Essen mit allen Sinnen vom ersten Löffelchen bzw. Häppchen an zu einem Genuss und Vergnügen werden und ermöglichen Sie Ihrem Kind viele schöne Erfahrungen, die es sein ganzes Leben lang begleiten und prägen werden.

- Sorgen Sie bei den Mahlzeiten für eine liebevolle und entspannte Atmosphäre und ein soziales Miteinander.
- Begleiten Sie das Kind beim Essen, suchen Sie immer wieder den Blickkontakt, sprechen Sie mit dem Kind und lassen Sie es beim Essen nicht allein.
- Gehen Sie auf die Signale des Kindes ein.
- Stimmen Sie Auswahl und Textur der Lebensmittel auf die psychomotorische Entwicklung des Kindes ab.

HINWEISE FÜR DEN GEBRAUCH DES BUCHES

DIE SYMBOLE

ZUBEREITUNGSDAUER
REICH AN EISEN
VEGETARISCH
FINGERFOOD
MENGE

TIPP
Praktische Informationen zum Rezept, Altersempfehlungen, persönliche Tipps und Hinweise

INFO
Sachinformationen zu Rezepten, Lebensmitteln, Wirkung etc.

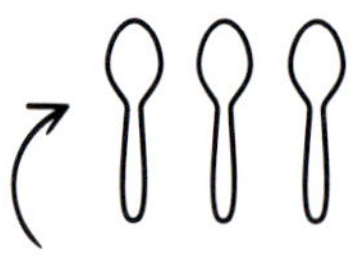

Zum Ausmalen.

TOP ODER FLOP?
So schmeckt das Gericht meinem Baby.

BREIMENGE

Die Menge, die ein Baby im Laufe der Beikostzeit isst, ist individuell sehr unterschiedlich. In den Rezepten ist die Menge auf **200–250 g pro Breiportion** berechnet. Eine Ausnahme sind die ersten reinen Gemüse- und Obstbreie, hier wurde bewusst nur eine **kleine Menge von ca. 100 g** Brei gewählt, da dies für die ersten Breiversuche meist genügt.

Grundsätzlich gilt: Richten Sie die Menge nach den Bedürfnissen Ihres Babys. Es darf selbst entscheiden, wie viel es isst.

BREIMAHLZEITEN

Die gängige Verteilung der Breimahlzeiten ist: **mittags Gemüsebrei, nachmittags Obst-Getreide-Brei, abends Milch-Getreide-Brei.**

Allerdings können Sie durchaus die Verteilung der Breimahlzeiten an Ihren Tagesablauf anpassen. Deshalb finden Sie in diesem Buch einige Frühstücksideen und Nachmittags- und Abendbreie sowohl mit Obst und Getreide als auch mit Milch und Getreide.

Um die **Zusammensetzung der verschiedenen Breie** für das Baby optisch klar zu kennzeichnen, finden Sie in diesem Buch bei den Breien folgende, auf den ersten Blick vielleicht ein wenig „technisch" anmutende Schreibweise: „Obst-Getreide-Brei" oder „Brokkoli-Apfel-Kartoffel-Brei".

BEIKOSTÖL

In den Rezepten wird immer wieder der Begriff Beikostöl erwähnt. Damit sind **kalt gepresste Pflanzenöle aus kontrolliert biologischem Anbau (kbA),** die in dunklen Glasflaschen erhältlich sind, gemeint (→ S. 38). Bevorzugen Sie Raps- oder Olivenöl im Gemüsebrei und Walnuss- oder Leinöl im Wechsel mit Butter im Obstbrei. Auch 1 TL Nussmus (z. B. Mandelmus) kann als wertvolle Fettsäurequelle zum Anreichern des Breis verwendet werden. Einige Hersteller bieten fertige Zubereitungen verschiedener hochwertiger Öle als Beikostöle an.

SAFT- UND OBSTBEIGABE

Bei allen Hauptgerichten ab dem 8. Monat können Sie – wie in den Rezepten angegeben – statt der Saftbeigabe für das Baby alternativ ein Stück weiches Obst oder frisches Obstmus zum Nachtisch reichen.

BACKOFEN

Die jeweils angegebenen Temperaturen sind für einen **Ofen ohne Umluft** berechnet. Bei Verwendung von Umluft ziehen Sie bitte jeweils 20 °C ab. Grundsätzlich empfiehlt es sich, bei den Backrezepten die Temperatur und Backdauer individuell zu beobachten, denn häufig weichen diese bei den unterschiedlichen Öfen etwas voneinander ab.

MENGENANGABEN UND ABKÜRZUNGEN

Die in den Rezepten angegebenen Mengen sind der Genauigkeit halber fast alle in Gramm (g) und Milliliter (ml) ausgedrückt. Wenn in einigen Fällen von Esslöffeln oder Teelöffeln die Rede ist, sind immer gestrichene Esslöffel (EL) bzw. Teelöffel (TL) gemeint.

FAMILIENREZEPTE

Alle mit dem Familiensymbol versehenen Rezepte in diesem Kochbuch sind Kombirezepte, die in der Regel für **1 Erwachsenen, 1 Kind und 1 Baby** berechnet sind. Denn meist kann sich nur ein Elternteil um die Betreuung der Kinder kümmern. Wenn zwei Erwachsene an den Mahlzeiten teilnehmen, fügen Sie den jeweils angegebenen Mengen ca. 50–75 % hinzu. Für jedes hinzukommende (Klein-)Kind erhöhen Sie die Mengen um etwa 30–40 %.

Wichtige Info zu den Familienrezepten: Seien Sie nicht irritiert von Zutaten wie Zucker, Salz oder Gewürzen. Diese kommen nicht in das Beikostessen, sondern erst später, zum Würzen des Familiengerichts, dazu.

INFO

VOM SÄUGLING ZUM KLEINKIND

WAS BEDEUTET BEIKOST?

Wie der Name schon sagt, sollen nicht im Hauruckverfahren Muttermilch oder Säuglingsmilchnahrung durch Brei ersetzt werden. Vielmehr ist es Sinn der Beikost, sie **langsam als Ergänzung zur gewohnten Milchmahlzeit** einzuführen und auf diese Weise Ihr Baby mit wichtigen Nährstoffen und zusätzlicher Energie zu versorgen. Vor allem aber dient die Beikost dazu, dem Kind neue Geschmackseindrücke zu vermitteln und es so **Schritt für Schritt an zusätzliche, feste Nahrung zu gewöhnen.** Ziel ist es, bis zum Anfang des 2. Lebensjahres die Babykost langsam in die Familienmahlzeiten zu integrieren.

DER RICHTIGE ZEITPUNKT

Bei jedem Kind, ob es nun voll gestillt oder mit spezieller Formulamilch für Säuglinge ernährt wurde, ist es irgendwann an der Zeit, zuzufüttern. Laut Empfehlung des Netzwerks „Gesund ins Leben – Netzwerk Junge Familie" und den „Österreichischen Beikostempfehlungen" sowie der S3-Leitlinie Allergieprävention sollte man frühestens **ab dem 5. und spätestens im Laufe des 7. Lebensmonats** damit beginnen (→ Schritt für Schritt zur Beikost, S. 51 ff.). Die 2026 veröffentlichte S3-Leitlinie Stilldauer empfiehlt sogar, vor Beikostbeginn **mindestens sechs Monate** ausschließlich zu stillen. Auch wenn Sie hie und da anderes hören sollten: Vermeiden Sie es, Ihrem Kind zu früh Beikost anzubieten. Bei der Beikosteinführung ist immer die individuelle Reife zu beachten, die durch verschiedene Komponenten erlangt wird. Dabei spielen immunologische Prozesse, die Organreife, die motorische Entwicklung und die sensorische Akzeptanz eine Rolle. Die drei wichtigen Voraussetzungen für die Beikosternährung sind:

- Ihr Baby kann mit Hilfe sicher aufrecht auf Ihrem Schoß sitzen und den Kopf selbstständig halten.
- Es drückt den Brei nicht mehr mit der Zunge aus dem Mund (Zungenstoßreflex ist integriert).
- Es bewältigt seine Auge-Hand-Mund-Koordination und kann ein Objekt in den Fokus nehmen, ergreifen und zum Mund führen. Was Sie darüber hinaus im Familienalltag möglicherweise beobachten: Ihr Baby interessiert sich dafür, was Eltern, Geschwister und andere Personen essen. Es verlangt nach dem, was andere essen. Es öffnet den Mund, wenn der Löffel kommt.

TIPP

Vermeiden Sie es nach Möglichkeit, Ihr Kind zu früh und zu häufig in sitzende Positionen zu bringen. Erst wenn es sich eigenständig aufsetzen und die Sitzposition sicher und ungestützt halten kann, ist sein Rücken stark genug. Vor diesem Zeitpunkt sollten Sie es nicht alleine zum Essen hinsetzen.

KEIN BABY IST WIE DAS ANDERE

Bedenken Sie: Jeder Mensch ist anders – und auch Ihr Kind ist ein einzigartiges Individuum. Lassen Sie ihm deshalb die **Zeit,** die es braucht, seine Welt zu entdecken und zu erkunden. Dazu gehört auch der **Umgang mit dem Löffel.** Am Anfang ist das Füttern mit Beikost oft eher ein Spiel und Kennenlernen von Geschmacksvariationen als richtige Nahrungsaufnahme. Manche Babys brauchen etwas länger Zeit, um sich auf Breikost einzulassen, und ziehen es bisweilen mit 8 oder 9 Monaten noch vor, gestillt zu werden oder aus dem vertrauten Fläschchen zu trinken.

Gerade **„beikostmüde“** Kinder sprechen gut auf „Baby-Fingerfood“ an (→ S. 46), weil es für sie eine sinnliche und erlebnisreiche Möglichkeit ist, Nahrungsmittel für sich zu entdecken. Und irgendwann landen dann auch diese Ess-Entdecker am Familientisch.

Die Brust dürfen und sollen Sie ihrem Kind übrigens weiterhin geben – beliebig lange, sofern Sie und Ihr Kind Freude daran haben. Es spricht jedenfalls nichts dagegen, zusätzlich zur festen Nahrung **Muttermilch** anzubieten, denn diese enthält wichtige Schutzstoffe, die für das Immunsystem und die Krankheitsabwehr Ihres Babys sehr wertvoll sind. Die Leitlinie zur Stilldauer empfiehlt mindestens 12 Monate, die Weltgesundheitsorganisation (WHO) sogar, bis zum 2. Geburtstag begleitend zu stillen, nach Belieben darüber hinaus. Auch der Entstehung von Allergien beugt paralleles Stillen möglicherweise vor. Wird Ihr Baby mit Säuglingsanfangsnahrung gefüttert, so benötigt es ebenfalls über den Beikoststart hinaus mindestens bis zum 1. Geburtstag weiterhin regelmäßig sein Fläschchen. Pre- und 1er-Nahrung dürfen Sie übrigens immer "ad libitum", also nach dem Bedarf Ihres Babys geben.

WIE VIEL BREI SOLL MEIN BABY ESSEN?

Während der Beikost **schwankt die Verzehrmenge** eines Babys oft erheblich, von Tag zu Tag und Mahlzeit zu Mahlzeit. Seien Sie deshalb nicht besorgt, wenn Ihr Kind kleinere Portionen isst als das Kind von Bekannten. Oder wenn es mal eine Essensflaute gibt (→ Tipp). Auch beim Erlernen neuer Fähigkeiten kann das Essen etwa vorübergehend in den Hintergrund treten. Bieten Sie weiterhin zu jeder Mahlzeit etwas an, aber lassen Sie Ihr Kind entscheiden, wie viel Nahrung es zu sich nehmen möchte. Überbrücken Sie die Essensflaute wenn möglich durch vermehrtes Stillen oder entsprechende Fläschchenmahlzeiten. Eine **ausreichende Flüssigkeits- und Nährstoffzufuhr** ist bei Babys und Kleinkindern unverzichtbar, da sonst schnell Mangelerscheinungen auftreten können.
Dauert die Essensunlust länger als zwei Wochen an, lassen Sie sich von Ihrer Hebamme, dem Kinderarzt /der Kinderärztin oder einer Fachkraft für Babyernährung beraten. Bei anhaltenden und bei unklaren Beschwerden oder wenn Sie den Eindruck haben, Ihr Kind könnte unterversorgt sein oder ein Nahrungsmittel nicht vertragen, ist der Besuch in der Arztpraxis unumgänglich.

TIPP

Essflaute? **Ursachen können die Zähne oder ein Infekt sein, die Ihrem Kind vorübergehend zu schaffen machen. Warten Sie ein paar Tage ab und versuchen Sie dann, ob Ihr Baby wieder bereit für Beikost ist.**

AUF DEM WEG ZUM FAMILIENTISCH

Ähnlich wie Ihr Baby Sie in den ersten Monaten immer wieder mit neu erlernten Fähigkeiten überrascht hat, werden Sie auch in puncto fester Nahrung **schrittweise Fortschritte** feststellen, bis es so weit ist, dass Ihr Kind an den gemeinsamen Mahlzeiten teilnehmen kann.
Die Zeit der ersten Beikost ist für jedes Kind ein großer Schritt in die Selbstständigkeit und für die ganze Familie ein kleines Abenteuer. Neben der gewohnten Milchnahrung und den beständig mehr werdenden Breimahlzeiten darf und soll das kleine Familienmitglied stetig an die Kost der Großen herangeführt werden. Im Laufe des 1. Lebensjahres werden die kleinen Esser immer aktiver und interessierter an den Familienmahlzeiten teilnehmen, bis sie um den ersten Geburtstag herum nach und nach an die Gerichte der Großen gewöhnt sind.
Es empfiehlt sich im Übrigen, das Baby von vornherein zu integrieren und vom ersten Löffelchen an mit an den Familientisch zu nehmen. Dementsprechend sollten Sie Ihr Baby möglichst früh **an den gemeinsamen Mahlzeiten beteiligen,** anstatt es zu einem an-

deren Zeitpunkt separat zu füttern. Essen ist nicht nur Nahrungsaufnahme, sondern zugleich ein soziales, kulturelles und genussvolles Miteinander. Zeigen Sie Ihrem Baby, dass es mit Ihnen essen darf und dazugehört. Sie können ihm ohne Bedenken ab und zu **ein Häppchen von Ihrem Teller** geben, das verträgt es ab etwa 6 Monaten. Bei diesen Häppchen sollte es sich jedoch um weiche Kost handeln, die nicht stark gesalzen, gewürzt oder scharf angebraten ist.
Sie werden in diesem Buch eine Vielzahl von Rezepten finden, wie Sie für Ihr Kind köstliche, vollwertige und frisch gekochte Breie zubereiten können. Damit entscheiden Sie, was Ihr Baby auf den Teller bekommt, und können sowohl Vorlieben als auch Unverträglichkeiten berücksichtigen sowie eine Vielzahl an Geschmackseindrücken anbieten. Gerade Letzteres hilft sehr, Ihr Kind **schrittweise in die Familienmahlzeiten einzubinden** – wozu meine **Familienrezepte** explizit anregen möchten. Genießen Sie also gemeinsam die Vorzüge liebevoll zubereiteter Baby- und Familiengerichte.

Hochstuhlsitz: Wichtig ist ein gut gepolsterter und bequemer Innensitz, der idealerweise waschbar ist. Achten Sie auf ein höhenverstellbares Fußteil, denn dann wächst der Stuhl mit. Bei vielen Modellen lässt sich das Esstablett ebenfalls in verschiedenen Positionen arretieren und gibt so bei jeder Größe guten Halt, ohne einzuengen.

INFO

DIE ERSTEN VERSUCHE

Die Einführung von Beikost erfordert in der Regel **Geduld.** Nehmen Sie sich deshalb **genügend Zeit** für die ersten Versuche. Diese Rahmenbedingungen haben sich als besonders nützlich erwiesen:

- Legen Sie Ihrem Baby immer ein **Lätzchen** um und halten Sie ein **Spucktuch** bereit. Erfahrungsgemäß geht noch vieles daneben oder wandert direkt wieder aus dem Mund heraus – mal mit mehr, mal mit weniger Schwung und Gepruste.
- Besorgen Sie entsprechende **Plastik-, Holz- oder Hornlöffelchen** für Babys. Babylöffelchen sind so geformt, dass Ihr Kind den Brei leicht aufnehmen kann, und sie sind wegen ihres Materials Temperaturschwankungen weniger unterworfen als Metalllöffel. Das heißt, sie kühlen nicht so schnell ab und nehmen andererseits Hitze nicht so stark an. Achten Sie auf jeden Fall auf eine Herstellerkennzeichnung, dass das Besteck frei von schädlichen Weichmachern ist.
- Achten Sie darauf, dass Ihr Kind bei den ersten Versuchen **ausgeschlafen** und nicht extrem hungrig ist.
- Vermeiden Sie **Unruhe und Ablenkungen** wie Radio oder Fernsehen und räumen Sie Spielzeug aus dem Sichtfeld.
- Suchen Sie sich einen bequemen Platz, nehmen Sie Ihr Kind auf den **Schoß** – außer Reichweite des Breischälchens – oder setzen Sie es sicher in den **Hochstuhl** (→ Info).

Solange Ihr Baby den Mund öffnet, fordert es **Nachschub.** Dreht es jedoch den Kopf weg, rutscht zurück, wird gar quengelig oder weinerlich, dann signalisiert es Ihnen, dass es genug hat. Akzeptieren Sie das. Allerdings sollten Sie überprüfen, ob Ihr Kind vielleicht durstig ist, aufstoßen muss oder ob gerade etwas in der Windel landet. In diesen Fällen können Sie nach Behebung der „Störung" noch einmal Brei anbieten.

LÖFFELCHENWEISE NEUES ERLEBEN

Der erste Brei, den Ihr Kind bekommt, besteht in der Regel aus reinem Gemüse (→ S. 62). Bewährt hat es sich, **mit einer Mittagsmahlzeit** anzufangen – mit 2–3 Löffeln im Anschluss an die gewohnte Milchnahrung. Der Vorteil ist, dass das Baby schon einigermaßen gesättigt ist und sich so besser auf die ungewohnte Breikost einlassen kann. Darüber hinaus bekommt es auch nicht den Eindruck, dass die Milchmahlzeit abrupt ersetzt wird.
Hat Ihr Baby den Brei akzeptiert und Freude daran, dann kommt dieser selbstverständlich **als Erster auf den Tisch** und Ihr Kind bekommt in den ersten Beikostwochen nach Belieben noch etwas Mutter- oder Säuglingsmilch als „Nachtisch". Die Menge an Brei können Sie ganz nach Akzeptanz Ihres Babys steigern, es gibt kein Mengenmaß, nach dem sich das weitere Vorgehen richtet. Auf jeden Fall sollten Sie zuerst bei **einer einzigen Gemüsesorte** bleiben, weil Ihr Kind sich an den neuen Geschmack erst gewöhnen muss. Ist die erste Hürde genommen, dass der Säugling ein Gemüse mag, kann der Brei nach und nach mit Kartoffeln oder einem Getreideprodukt und im Wechsel mit etwas Fleisch, Fisch, Ei oder Hülsenfrüchten angereichert werden (→ S. 55).

TIPP

Pur punktet: **Verzichten Sie auf das Nachwürzen der Breie. Ihrem Kind bekommt und schmeckt es pur am besten!**

Wird der erste Gemüse-Kartoffel- bzw. Getreide-Brei akzeptiert, können Sie vielfältig **neue Gemüsesorten** ausprobieren und Ihrem Kind verschiedene Lebensmittel anbieten, damit es sich mehr und mehr an die unterschiedlichen Geschmacksvarianten gewöhnt. Auf keinen Fall aber sollten Sie Zucker, Salz, Gewürze zusetzen und auch frische Kräuter sollen nicht vor dem 11. Lebensmonat in den Babybrei.

TRINKEN NICHT VERGESSEN!

Von dem Moment an, wo es feste Nahrung zu sich nimmt, benötigt Ihr Kind natürlich zusätzliche Flüssigkeit. Empfohlen wird ab der dritten Breimahlzeit eine zusätzliche Flüssigkeitszufuhr von **etwa 200 ml/Tag.** Damit Ihr Kind das Trinken aus geeigneten Gefäßen erlernt, bieten Sie ihm ab dem 7. oder 8. Lebensmonat immer wieder zum Essen etwas zu trinken an. Am besten in einer **Schnabeltasse** oder vorsichtig aus **Becher oder Glas.** So lernt das Baby schon bald den Umgang mit diesen Trinkgefäßen – und die Umstellung geht leichter vonstatten.

Für **unterwegs** gibt es ein vielseitiges Produktsortiment an Trinkflaschen, welches für junge Eltern oft schwer überschaubar ist. Empfehlenswert aus meiner Erfahrung als vierfache Mutter sind spezielle Glas- oder Edelstahlflaschen, welche hygienisch und schadstofffrei sind und auch den Geschmack des Getränks nicht beeinflussen. Optimaler Durstlöscher ist **Wasser.** Kräutertees sollten Sie aufgrund ihrer heilpflanzlichen Wirkung nicht als normales tägliches Getränk verwenden. Auch Früchtetees sind nicht empfehlenswert, weil ihr hoher Säuregehalt einen wunden Babypo begünstigt. Geeignet sind gelegentlich dünne Aufgüsse – ½ TL pro Tasse Wasser – von Zitronenmelisse, getrocknetem Apfel oder Hagebutte. **Vermeiden Sie Fruchtsäfte,** denn die darin enthaltene Säure greift in Kombination mit dem Fruchtzucker den Zahnschmelz an und begünstigt so die Entstehung von Karies. Gleiches gilt für schnell lösliche Instant-Tees, die ebenfalls auf Zucker basieren.

Selbstverständlich darf das Trinken am Tisch anfangs noch nicht die gewohnte Muttermilch oder Säuglingsmilchnahrung ersetzen, denn für die gesunde Entwicklung und auch die Verdauungsorgane Ihres Babys bleiben Mutterbrust bzw. geeignete Flaschennahrung noch eine ganze Zeit lang die wichtigsten und besten Nahrungsquellen.

INFO

Gegen **Leitungswasser** ab Beikostreife ist nichts einzuwenden, es ist stark kontrolliert und nachhaltig. Ihr Kind sollte es immer frisch aus der Leitung bekommen, sofern die Wasserqualität in Ordnung ist. Sind Sie diesbezüglich unsicher, fragen Sie einfach beim zuständigen Wasseramt nach. Alternativ können Sie kohlensäurefreies Mineralwasser aus Glasflaschen mit niedrigem Mineralstoff- und Nitratgehalt verwenden. Diese tragen die Aufschrift „Zur Zubereitung von Säuglingsnahrung geeignet". Heilwässer wiederum oder aromatisierte Mineralwässer sind für Ihr Baby nicht geeignet.

Lassen Sie sich bitte nicht dazu verleiten, durch Saftzugabe Ihr Baby zum Trinken zu animieren. Vertrauen Sie darauf, dass Ihr Baby über die Kombination Muttermilch/Säuglingsnahrung, Brei und Trinkwasser seinen Bedarf decken kann. Gerade gestillte Babys befriedigen erfahrungsgemäß, insbesondere an heißen Tagen oder bei Krankheiten, einen großen Teil ihres Flüssigkeitsbedarfs weiterhin über die Muttermilch und auch Pre- und 1er-Fläschchen dürfen Sie nach dem Bedürfnis Ihres Kindes geben.

INFO

EXTRAKÜCHE FÜR DAS BABY?

Verständlicherweise erschrecken manche Eltern bei dem Gedanken, von nun an monatelang tagtäglich extra für ihren Säugling kochen zu müssen. Noch mehr Aufwand, noch mehr Geschirr, noch mehr Arbeit? Keine Angst, das alles ist halb so schlimm! Zumindest, wenn man es geschickt anstellt. Dazu gehört als Möglichkeit auch, **auf Vorrat zu kochen,** weil das eine enorme Einsparung an Aufwand und Zeit bedeutet.

EINFRIEREN UND AUFTAUEN

Bereiten Sie eine größere Menge Brei zu und frieren Sie diesen **portionsweise** ein. Allerdings müssen Sie dabei ein paar wichtige Grundsätze beachten:

- Obst bzw. Gemüse und Fleisch immer vorher garen und fein pürieren, dann separat einfrieren.
- Das Öl zum Brei immer erst direkt vor dem Essen beigeben, also nicht mit einfrieren.

- Kartoffeln eignen sich nicht gut zum Einfrieren. Die enthaltene Stärke kleistert beim Einfrieren und Wiedererwärmen leicht und der Brei wird dadurch unangenehm zäh, sodass viele Babys diesen ablehnen. Deshalb Kartoffeln entweder immer frisch zubereiten und dann zu den aufgetauten Gemüsebreien geben oder statt Kartoffeln ein gekochtes Getreideprodukt hinzufügen.
- Bewährt hat es sich, den Brei zuerst in **Eiswürfelbehältern** durchzufrieren und dann die Würfel gut verschlossen in einen Gefrierbeutel zu legen. Sorgfältig beschriftet mit Inhalt und Datum können Sie so ein vielfältiges Sortiment an „Essensbausteinen" bereithalten. Die Würfel lassen sich einzeln entnehmen und rasch auftauen. Je nach Alter braucht ein Kind anfangs zwei bis drei, ab dem 9. Lebensmonat fünf bis sechs Stück pro Mahlzeit. Alternativ gibt es im Handel gut verschließbare Glasbehälter, die sowohl gefriergeeignet als auch hitzebeständig sind, sodass Sie den Brei hygienisch einwandfrei einfrieren und im selben Behältnis auftauen können.

Auch tiefgefroren sind Lebensmittel nur **begrenzt haltbar:** Obst und Gemüse etwa 6 Monate, Fleisch ungefähr 3 Monate. Bedenken Sie bei Ihrer Vorratshaltung zudem, dass Ihr Baby seine Essgewohnheiten ändert und um den ersten Geburtstag herum von der Breikost auf richtig feste Nahrung umsteigen wird.

Beim **Auftauen** ist auf **äußerste Hygiene** zu achten. Legen Sie die gefrorenen Speisen am besten in ein sauberes Gefäß und tauen Sie sie im Kühlschrank schonend auf, vor allem wenn es sich um Obstpürees handelt, die vor dem Verzehr nicht mehr durcherhitzt werden. Gemüse und Fleisch lassen sich auch unmittelbar vor dem Essen aus dem Gefrierfach nehmen und mit etwas Wasser auf der mittleren Stufe auf dem Herd erwärmen.

VORRAT IM KÜHLSCHRANK UND FAMILIENESSEN

Eine Alternative zum Vorkochen und Einfrieren besteht darin, dass Sie nur einen **Vorrat für etwa 2–3 Tage** anlegen, den Sie in kleinen Portionsbehältern gut verschlossen einfach im Kühlschrank aufheben. Achten Sie darauf, den Brei zum Aufbewahren **immer rasch abzukühlen.** Am besten geht das in einem kalten Wasserbad. Im warmen Brei können sich besonders gut krank machende Keime vermehren.

Eine weitere Möglichkeit, den Aufwand zu minimieren, besteht darin, die Zubereitung von Babys Breikost mit der des **Familienessens** zu verbinden. Ich handhabe das beispielsweise gerne so, dass ich die gleichen Grundzutaten verwende. Auch wenn Sie natürlich anders würzen und zubereiten müssen, ist Zeit gespart. Außerdem wird Ihr Kind auf diese Weise noch besser an die Familienkost herangeführt. Zudem profitiert das Baby davon, dass Sie für die „Großen" in der Regel das kochen, was die Natur für die jeweilige Saison vorgibt.

Familienrezepte finden Sie in diesem Buch gekennzeichnet: Die Zubereitung der Beikost ist hier schon in die Arbeitsschritte integriert.

Wichtige Info zu den Familienrezepten:
Seien Sie nicht irritiert von Zutaten wie Zucker, Salz oder Gewürzen. Diese kommen nicht in das Beikostessen, sondern erst später, zum Würzen des Familiengerichts, dazu.

INFO

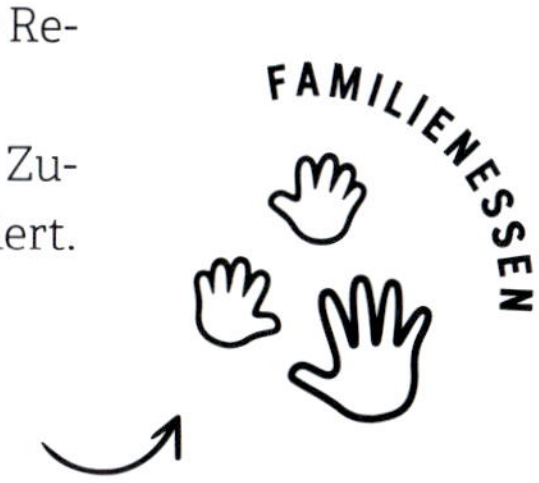

LEBENSMITTELKUNDE: DAS BESTE FÜR DAS 1. LEBENSJAHR

Gesunde Ernährung beginnt bei der richtigen Auswahl.

OBST UND GEMÜSE ALS BASIS

Von besonderer Wichtigkeit für die Beikosternährung sind Obst und Gemüse, liefern sie doch lebenswichtige **Vitamine, Mineralstoffe und verschiedene sekundäre Pflanzenstoffe.** Letztere, wie beispielsweise Flavonoide oder Carotinoide, kommen in diversen Früchten vor und leisten als wesentliche Schutzstoffe einen entscheidenden Beitrag für die Gesundheit gerade des Kleinkinds. Dazu zählen unter anderen die orangegelben oder roten Carotinoide in Karotten, Kürbis, Aprikosen, Tomaten oder Paprika.
Einen Anhaltspunkt, wie viel Obst und Gemüse empfehlenswert ist, bietet grundsätzlich die sogenannte **„Fünf-am-Tag-Regel“:** Im Klartext bedeutet das für einen Erwachsenen, dass er täglich **fünf handtellergroße Portionen Obst und Gemüse** essen sollte. Und bei einem Kind entspricht das etwa der Menge, die in seine kleinen Händchen passen würde – was mit zunehmendem Wachstum entsprechend zunimmt und bei der Portionierung berücksichtigt werden muss.

TIPP

Ein hilfreicher Tipp für eine ausgewogene und gesunde Ernährung ist, „Regenbogenfarben“ zu essen, also aus dem ganzen Farbspektrum, das die Natur uns bietet: rote Beeren und Tomaten, gelbe Mirabellen und Paprika, orange Mangos und Karotten, grüne Äpfel und Brokkoli, blaue Zwetschgen und Auberginen. Denn die Farben in unseren Obst- und Gemüsesorten haben als sekundäre Pflanzenstoffe vielerlei positive Aspekte. So helfen die leuchten gelb-orange- roten Carotinoide, die blau-lila Flavonoide in Heidelbeeren oder Trauben oder die knallgelben Curcuminoide der Powerwurzel Kurkuma auf vielfältige Weise als Radikalfänger und Antioxidantien. Sie stärken das Immunsystem, wirken gegen Entzündungen und krebsvorbeugend.

Allerdings sollten Sie nicht nur auf die richtige Menge achten, sondern auch auf ausgewiesene **Qualität.** Im konventionellen Obst- und Gemüseanbau werden häufig Pestizide eingesetzt, um die Früchte vor Schädlingsbefall zu schützen, die dann Rückstände bilden und die Gesundheit gerade von Babys gefährden können. Deshalb ist es ratsam, bei besonders belasteten Sorten auf **kontrolliert biologisch erzeugte Produkte** zurückzugreifen. Das gilt insbesondere für die Fruchtsorten Apfel, Aprikose, Birne, Brombeere, Erdbeere, Himbeere, Johannisbeere, Kirsche, Mandarine und Pfirsich sowie für Aubergine, Gurke, Paprika, Salat und Tomate. Ein weiteres Argument für den Kauf von saisonreifen Bioprodukten sind der **niedrigere Nitratgehalt** (→ Info) in Obst und Gemüse sowie der **höhere Gehalt an Vitaminen, Mineral- und sekundären Pflanzenstoffen.** Dass man jedoch auch Bioprodukte vor dem Verzehr oder der Zubereitung der Speisen **gründlich unter fließendem Wasser waschen** sollte, versteht sich von selbst. Welche Sorten warum für Ihr Kind in besonderer Weise geeignet sind, erfahren Sie auf den folgenden Seiten. So erhalten Sie zusätzliche Anregungen für die Auswahl der Breirezepte.

Nitrat wird in Pflanzen produziert bzw. über den Boden aufgenommen und unter Sonneneinstrahlung wieder abgebaut. Besonders Treibhausgemüse ist häufig sehr nitratreich, aber auch Spinat, Zucchini, Fenchel und Rote Bete. Bei längerem Warmhalten oder Wiederaufwärmen wird aus Nitrat gesundheitsgefährdendes Nitrit gebildet. Ebenso können im Darm vorkommende Bakterien Nitrat zu Nitrit umwandeln. Nitrit beeinträchtigt beim Säugling den Sauerstofftransport im Blut und in Kombination mit Eiweißen können darüber hinaus krebserregende Nitrosamine entstehen.

INFO

SAISONKALENDER

OBST

FRÜHJAHR (März–Mai)	Apfel, Birne, Erdbeere
SOMMER (Juni–August)	Aprikose, Brombeere, Erdbeere, Heidelbeere, Himbeere, Feige, Johannisbeere, Kirsche, Melone, Mirabelle, Nektarine, Pfirsich
HERBST (September–November)	Apfel, Birne, Feige, Mirabelle, Pflaume, Preiselbeere, Traube, Zwetschge
WINTER (Dezember–Februar)	Apfel, Birne, Dattel, Khaki, Traube
GANZJÄHRIG	Avocado, Banane, Mango

GEMÜSE

FRÜHJAHR (März–Mai)	Blumenkohl, Pastinake, Kohlrabi, Rhabarber, Spargel, Spinat
SOMMER (Juni–August)	Aubergine, Blumenkohl, Bohne, Brokkoli, Erbse, Fenchel, Gurke, Kohlrabi, Mangold, Paprika, Rhabarber, Spargel, Spinat, Tomate, Zucchini
HERBST (September–November)	Blumenkohl, Bohnen, Brokkoli, Fenchel, Kohlrabi, Kürbis, Mais, Pastinake, Rosenkohl, Rote Bete, Schwarzwurzel, Spinat, Steckrübe, Zucchini
WINTER (Dezember–Februar)	Kürbis, Rosenkohl, Rote Bete, Schwarzwurzel, Steckrübe, Wirsing
GANZJÄHRIG	Champignons, Karotte, Kohlarten (Weißkohl, Rotkohl), Süßkartoffel

OBST

Apfel: Eignet sich hervorragend bereits zu Beginn der Beikost. Allerdings empfiehlt es sich aus diesem Grund, eher **milde und süße Sorten** zu bevorzugen wie Jonagold, Elstar oder reifen Boskop – anfangs geschält, ab dem 8. Lebensmonat dann fein gerieben oder püriert auch mit Schale, weil sich unmittelbar darunter die meisten wertvollen Inhaltsstoffe befinden. Mit Äpfeln lässt sich auch die **Verdauung** beeinflussen: Gekocht wirken sie stuhlauflockernd, roh gerieben eher stuhlfestigend.

Aprikose: Dieses in der Babyernährung zu Recht ausgesprochen beliebte Obst enthält nicht nur wertvolle Carotinoide und Eisen, sondern eignet sich aufgrund seiner **weichen Konsistenz** sehr gut für Kleinkinder, weil man es ihnen problemlos roh und mit Schale geben kann. Auch in getrockneter Form können Sie Aprikosen verwenden, da sie bei Verstopfung helfen. Allerdings sollten Sie wegen des hohen Zuckergehalts den Verbrauch von **Trockenfrüchten** auf 1–2 Stück am Tag beschränken und überdies in jedem Fall auf einwandfreie und ungeschwefelte Ware achten. Vorsicht: Entfernen Sie immer den **Kern** der Aprikose, denn der enthält giftige Blausäure!

Banane: Roh zerdrückt oder in mundgerechte Stückchen geschnitten, sind Bananen aufgrund des sehr süßen Geschmacks und der weichen Konsistenz bei Babys sehr beliebt – vor allem bei jenen, die noch an die natürliche Süße der Muttermilch gewöhnt sind. Trotzdem sollten Sie dieses ausgesprochen zuckerhaltige Obst mit **weniger süßen Sorten** vermischen. Bananen eignen sich besonders, wenn der Stuhl zu weich ist, denn sie haben eine leicht festigende Wirkung. Aufgrund häufiger Pestizidbelastung empfehlen Verbraucherschutzzentralen übrigens Kindern ausschließlich die geschälten Früchte in die Hand zu geben – oder Sie greifen von vornherein zu Bio-Früchten. Überreife, braune Bananen sollten übrigens aufgrund des enthaltenen Alkohols keinesfalls Babys und Kindern gegeben werden.

Beeren: Beerenfrüchte aller Art sind sehr beliebt in der Beikost – gerade bei Kindern, die sie schon **im Ganzen essen** können, was etwa ab dem 8. Monat der Fall ist. Vorher werden sie gekocht und beigemischt. Einige Sorten enthalten besonders viel **Eisen** und stellen deswegen in der vegetarischen Beikosternährung einen wesentlichen Faktor dar.

- **Brombeeren** sind zwar reich an Carotinoiden und Eisen, doch ist der eher säuerliche Geschmack für ein Baby problematisch, weshalb sich eine Kombination mit anderen Früchten wie Apfel, Banane oder Birne empfiehlt.
- **Erdbeeren,** die viel Eisen und Vitamin C enthalten, erfreuen sich größter Beliebtheit, lösen in zu großer Menge manchmal Unverträglichkeitsreaktionen wie Hautausschlag oder wunden Po aus.
- **Heidelbeeren** enthalten viele sekundäre Pflanzenstoffe und Vitamin E und sind getrocknet aufgrund ihrer leicht stuhlfestigenden Wirkung ein erprobtes Hausmittel bei Durchfällen. Sie lassen sich gut mit Apfel, Birne oder anderen Beeren kombinieren.
- **Himbeeren** sind reich an Eisen und Folsäure und überdies sehr gut bekömmlich. Wenn Sie die Früchte selbst pflücken, sollten Sie sorgfältig nach Würmern Ausschau halten und diese entfernen, bevor Sie die Früchte Ihrem Kind hinstellen.
- **Johannisbeeren,** besonders die schwarzen, sind sehr eisenhaltig und reich an Vitamin E, schmecken allerdings recht säuerlich und eignen sich daher eher für Früchtekombinationen als solo. Ein Problem stellen die Kerne dar, an denen sich ein Baby leicht verschlucken kann. Deshalb ist es ratsam, sie durch ein feines Sieb zu streichen und als Mus zu geben.

Birne: Bei diesem **beliebten Beikostobst** ist es wichtig, reife Früchte zu verwenden. Anfangs bekommt das Baby sie geschält, ab dem 8. Lebensmonat mit Schale, weil sich auch hier, wie beim Apfel, darunter die meisten wertvollen Inhaltsstoffe befinden. Rohe Birnen können bisweilen einen wundem Po oder Blähungen begünstigen. Dann wählen Sie lieber die gekochte Variante, die überdies stuhlauflockernd wirkt.

Feige: Rohe und getrocknete Feigen schmecken sehr süß, sind leicht stuhlauflockernd und enthalten wertvolles Eisen. Sie können mit oder ohne Schale gegessen werden. Für **getrocknete Feigen** gilt dasselbe wie für anderes Trockenobst: Sie sollten ungeschwefelt sein und aufgrund des hohen Zuckergehalts nur in kleinen Mengen, maximal ein Stück pro Mahlzeit, gegeben werden.

Kirsche: Dieses zweifellos sehr beliebte heimische Sommerobst zeichnet sich durch einen besonders hohen Gehalt an folatwirksamen Verbindungen aus. Wenn Sie Ihrem Kind rohe Kirschen geben, müssen Sie natürlich zuvor die **Steine entfernen.**

Melone: Wasser- und Honig- oder Zuckermelonen werden geschält und roh gegessen. Weil sie viel Wasser enthalten, eignen sie sich hervorragend als **Durstlöscher** an heißen Sommertagen. Die süßere Honigmelone enthält besonders viele Carotinoide. Wichtig ist auch hier, dass Sie vor dem Verzehr alle Kerne entfernen.

Pfirsich: Reife Früchte sind nicht nur weich und aromatisch süß, sondern wegen der vielen schützenden Carotinoide zudem gesund. Ab dem 8. Lebensmonat kann Ihr Kind sie mit Schale essen. Falls diese sehr rau und pelzig sein sollte, überbrühen Sie die Frucht kurz mit kochendem Wasser und ziehen Sie die Schale mit einem scharfen Messer ab.

Pflaume: Frische Früchte, sofern sie weich und saftig sind, können auch roh gegeben werden. Generell wirken Pflaumen leicht stuhlauflockernd. **Getrocknete Pflaumen** müssen ungeschwefelt und ohne Konservierungsstoffe sein und sollten aufgrund des hohen Zuckergehalts nur in kleinen Mengen verwendet werden.

Südfrüchte: Ananas, Kiwi, Mango und andere Südfrüchte sind im 1. Lebensjahr nicht für alle Babys zu empfehlen, weil sie häufig viel Säure enthalten und manchmal Unverträglichkeiten hervorrufen können. Probieren Sie einfach zunächst kleine Mengen davon aus und beobachten Sie die Reaktion ihres Kindes.

TIPP

Entfernen Sie bei Obst stets sorgfältig alle Kerne: Ihr Baby könnte sich daran verschlucken!

GEMÜSE

Blumenkohl: Es ist sicher nicht übertrieben, zu behaupten, dass dieses Gemüse auf der Beliebtheitsskala kleiner Esser ganz vorne rangiert. Das liegt zum einem an seinem milden Geschmack, zum anderen aber auch daran, dass die weich gekochten Röschen für ältere Babys ein **beliebtes Fingerfood** darstellen. Ihr hübsches Aussehen ist ein zusätzlicher Vorteil, denn schließlich isst das Auge ja mit. Auch bei älteren Kindern! Blumenkohl ist **sehr gut verträglich** und führt in der Regel nicht zu Blähungen.

Bohne: Die Gartenbohne ist nicht nur ein schmackhaftes Sommergemüse, sondern ein gesundes dazu. Sie enthält viele wichtige Mineralstoffe wie Kalzium und Magnesium und regt durch ihre Fasern die Verdauung an.

Brokkoli enthält viel Kalzium, das wichtig für einen stabilen Knochenaufbau ist.

INFO

Brokkoli: Dieser Tausendsassa unter den Gemüsesorten ist reich an Kalzium, Eisen, Folsäure, Vitamin C und enthält zudem sehr viele sekundäre Pflanzenstoffe. Aufgrund des etwas herben Geschmacks wird er gerne **mit anderen Gemüsesorten gemischt** und am liebsten ganz **frisch gekocht** verzehrt.

Erbse: Die Hülsenfrüchte sind unbestritten eines der nahrhaftesten und wertvollsten Beikostgemüse. Ob als cremiger Erbsenbrei oder als Fingerfood zum Trainieren des Pinzettengriffs – fast alle Kinder lieben die süß schmeckenden Erbsen! Für vegetarisch ernährte Babys haben Erbsen eine wichtige Funktion als Lieferant von **Eisen und Zink**, das sie beides in hohem Maße enthalten.

Fenchel: Das faserige Gemüse wirkt aufgrund des in ihm enthaltenen ätherischen Öls leicht entkrampfend und dient der Vorbeugung von Blähungen ebenso wie der Anregung der Verdauung. Allerdings schwankt sein Nitratgehalt, weshalb Sie Fenchel nach Möglichkeit ausschließlich **in Bioqualität** und **zur Saison** von Juni bis Oktober kaufen sollten.

TIPP

Entfernen Sie bei Fenchel den Strunk immer großzügig, denn dort sammelt sich das meiste Nitrat (→ S. 25) an.

Gurke: Besonders zahnende Kinder lieben es, wenn Sie ihnen dieses erfrischende, wasserhaltige Gemüse zum Knabbern geben. Schälen Sie die Gurke und schneiden Sie sie in 3 bis 5 Millimeter dicke Scheiben oder daumendicke Sticks.

Hülsenfrüchte: Hülsenfrüchte wie Linsen, Bohnen und Soja sind die wertvollste pflanzliche Eiweißquelle. Besonders für Vegetarier und Veganer spielen sie deshalb eine wichtige Rolle. Zudem enthalten sie sehr viele Ballaststoffe und auch eine Reihe an Vitaminen und Mineralstoffen. Die Zubereitung von Hülsenfrüchten ist in vielen unterschiedlichen Varianten möglich. Für den Beikoststart eignen sich am besten rote und gelbe Linsen, wie sie z. B. vom ayurvedischen Dal bekannt sind. Kidneybohnen, Kicherebsen und Co. werden etwa ab dem 9. Monat in zunächst kleinen Mengen (1–2 EL) angeboten. Sojaprodukte und Sojamilch sollten aufgrund ihres Phytoöstrogengehalts nicht in größeren Mengen für Babys und Kleinkinder verwendet werden (→ S. 42).

Karotte: Wegen ihres leicht süßen Geschmacks sind die an Beta-Carotin reichen Karotten oder Möhren, wie sie auch genannt werden, nach wie vor zumeist das erste Gemüse, mit dem ein Baby Bekanntschaft schließt. Sie können jedoch einen harten Stuhl begünstigen. In diesem Fall sollten Sie zuerst mit einer anderen Gemüsesorte beginnen oder eine Karotte mit Pastinake oder etwas Apfel oder Birne mischen. Wegen der oftmals bestehenden Nitratbelastung (→ S. 25) sollte man Biogemüse den Vorzug geben.

Kartoffel: Die stärkehaltige Knolle, gehört fraglos zu den beliebtesten **Sattmachern.** Sie weist einen relativ hohen Anteil an Vitamin C auf, das jedoch beim Kochen in Wasser großenteils verloren geht. Da gekochte Kartoffeln beim Pürieren gerne kleistern und dann häufig abgelehnt werden, sollten sie nur mit einer Gabel gut zerdrückt und bald gefüttert werden.

Unreife Kartoffeln oder solche mit grünen Stellen und Keimen enthalten giftiges Solanin und dürfen für den Babybrei nicht verwendet werden.

INFO

Kohlrabi: Dieses leicht süß schmeckende, sehr mineralstoffreiche Gemüse ist in der Regel gut verträglich, da es nicht blähend wirkt. Ältere Kinder knabbern gerne auf rohen Kohlrabistückchen herum. Große Kohlrabi sind oft holzig und schmecken muffig.

Kürbis: Durch seine **breiige Konsistenz** und den **milden, leicht süßen Geschmack** gehört Kürbis zu den Favoriten vieler Babys und ist überdies gut verträglich. Er enthält reichlich Vitamin E sowie Carotinoide, zählt zu den nitratarmen Gemüsesorten und wirkt leicht stuhlfestigend.

Paprika: Paprikaschoten gibt es in Rot, Gelb, Grün und Orange. Sie enthalten außerordentlich viel Vitamin C und Vitamin E, der rote und gelbe Paprika außerdem eine Menge Carotinoide. Da Paprika jedoch gleichzeitig zu den am häufigsten mit Pestiziden belasteten Gemüsesorten zählt, ist hier **Bioware** unbedingt empfehlenswert. Außerdem sollten Sie beachten, dass er bei verdauungsempfindlichen Kindern zu Blähungen führen kann. Deshalb sollten Sie ihn in den ersten zwei Beikostmonaten **nicht roh** geben.

Pastinake: Ein Gemüse, das wieder in Mode gekommen ist und sich in der Babyernährung wachsender Beliebtheit erfreut. Pastinaken schmecken süßwürzig und sind **sehr gut verträglich,** zudem reich an Eisen, Zink, Magnesium und Kalzium und im Gegensatz zu Karotten nitratarm. Pastinake wirkt nicht stopfend und lässt sich wunderbar mit anderen Gemüse- und Obstsorten kombinieren.

Rhabarber: Entgegen der verbreiteten Meinung gehört Rhabarber nicht zum Obst, sondern ist ein Frühsommergemüse. Wenngleich sehr beliebt, ist er doch nur in Maßen zu genießen, weil er aufgrund seines hohen Oxalsäuregehalts die Aufnahme von Kalzium und Eisen beeinträchtigen kann. Als Empfehlung gilt: Rhabarber sollte während der Saison **maximal einmal wöchentlich** auf Babys Tisch.

Rote Bete: Die stark rot färbende Knolle enthält relativ viel Eisen, was sie besonders bei einer fleischarmen Ernährung wertvoll macht. Allerdings weist dieses Wintergemüse häufig hohe Nitratwerte (→ S. 25) auf, sodass auch hier unbedingt zu **Bioware** geraten werden muss. Vermeiden Sie außerdem langes Warmhalten oder Wiederaufwärmen von Rote-Bete-Brei. Und erschrecken Sie nicht, wenn Sie plötzlich beim Wickeln Rot sehen, denn Rote Bete haben eine **stark färbende Wirkung.**

Spargel: Spargel, den es frisch nur kurze Zeit von April bis Juni gibt, enthält viel Vitamin E und wirkt leicht harntreibend – sein Geruch ist noch beim Windelwechsel wahrzunehmen. Grüner Spargel ist besonders zart und reich an Vitaminen.

Spinat: Das beliebte grüne Blattgemüse ist gut verträglich und wirkt **leicht verdauungsfördernd.** Es ist sehr reich an Eisen, Kalzium, Magnesium, Carotinoiden, Vitamin E und Vitamin C, enthält jedoch auch Oxalsäure, welche die Mineralstoffaufnahme vermindern kann. Verwenden Sie wegen des oft hohen Nitratgehalts (→ S. 25) am besten **jungen Spinat aus Freilandhaltung** und vermeiden Sie langes Warmhalten oder Wiederaufwärmen.

Tomate: Die schönen roten Paradeiser, wie sie in Österreich heißen, sind eines der meistgegessenen Gemüse überhaupt. Beim **Erhitzen** wird das zellschützende Lycopin gebildet. Roh können sie bei Babys gelegentlich zu Unverträglichkeiten führen.

Zucchini: Ab Mitte Juni bis Ende September gibt es in Deutschland frische Zucchini, die sich mit ihrem milden Geschmack und dem hohen Flüssigkeitsgehalt mittlerweile zu einem beliebten Babygemüse gemausert hat. Verzichten Sie aber auf Treibhausprodukte, die sehr nitratreich (→ S. 25) sein.

GETREIDE

Nicht weniger wichtig als Obst und Gemüse ist für eine gesunde Entwicklung Ihres Kindes als Energiespender das Getreide, denn es liefert viele **Kohlenhydrate,** die dann im Körper zum „Zelltreibstoff" Zucker umgewandelt werden. Und weil gerade Babys einen sehr hohen Energiebedarf haben, dürfen sie in keinem Brei fehlen, wobei **Vollkorngetreide** zusätzlich viele wichtige Mineralstoffe und B-Vitamine enthält. Doch auch wenn es gesund ist: Im 1. Lebensjahr ist rohes Getreide für Ihr Kind nicht gut bekömmlich, und deshalb müssen Sie **spezielle Babyprodukte** verwenden oder das Getreide **ausreichend kochen bzw. backen.**

Spezielle Getreideprodukte für die Beikost – häufig auch als **Instant-Getreideflocken** oder **Instant-Getreidemehl** bezeichnet – gibt es in vielen verschiedenen Sorten von zahlreichen Anbietern. Sie werden meist aus Vollkorngetreide hergestellt und auf babygerechte Art und Weise so verarbeitet, dass sie optimal verdaulich und küchentechnisch äußerst praktisch sind. Durch die Verarbeitung bekommen die Getreidesorten einen besonders süßlichen Geschmack und müssen lediglich noch in den warmen Brei eingerührt und quellen gelassen werden. Allerdings geht auch ein geringer Teil der ursprünglich enthaltenen Nährstoffe verloren. Aufgrund einer EU-Richtlinie müssen diese Produkte zur Beikosternährung künstlich mit Vitamin B1 vitaminiert werden.

Des Weiteren ist zu beachten, dass es **glutenhaltige und glutenfreie Getreidesorten** gibt. Denn Gluten, ein Klebereiweiß, kann bei entsprechender Veranlagung zu einer Unverträglichkeit, der Zöliakie, führen. Näheres dazu finden Sie im Kapitel Allergieprophylaxe (→ S. 170). Leidet Ihr Kind an einer diagnostizierten Zöliakie, müssen Sie sich an die glutenfreien Getreide bzw. Pseudogetreide halten: Reis, Mais, Hirse, Amaranth, Quinoa sowie nicht kontaminierten Hafer und Buchweizen.

Buchweizen: Das Knöterichgewächs – kein Getreide – enthält von Natur aus kein Gluten und wird als wohlig sättigender und stärkender Kohlenhydratlieferant immer beliebter. Unverarbeiteter Buchweizen hat oft einen etwas unangenehm **bitteren Beigeschmack,** weshalb für die ersten Beikostbreie speziell aufgeschlossene Produkte empfehlenswert sind. Als Bulgur ist er bei älteren Beikostkindern ab dem 10. Lebensmonat beliebt – oder in Form von Blinis (kleine Pfannkuchen) für die ersten Fingerfoodversuche.

TIPP

Eine besondere Alternative zu Instant-Flocken stellen die sogenannten TAU-Produkte der Firma ErdmannHAUSER dar. Diese vollwertigen Getreideprodukte werden in einem speziellen Aufschlussverfahren aus biodynamisch angebauten Getreidekörnern von Hafer, Gerste oder Dinkel bzw. Buchweizen mithilfe von Wasser, Wärme und einer anschließenden langsamen Trocknung optimal verdaubar und nährstoffreich. Das fein gemahlene Pulver wird für den Babybrei etwa 1 Minute sanft in ausreichend Flüssigkeit gekocht (→ Hinweise bei den Rezepten). Für Beikostkinder stellen sie durch den ureigenen feinen Geschmack eine Bereicherung dar und werden meist von der ganzen Familie gerne genossen.

Dinkel: Ein sehr nahrhaftes und gut verträgliches Getreide, das wertvolle Fettsäuren und reichlich Mineralstoffe enthält. **Dinkelmehl** eignet sich vor allem zum Backen, Dinkelgrieß für feine Milchspeisen und Bulgur für den etwas stückigeren Brei. **Grünkern** ist halb reif geernteter Dinkel und wird gerne für herzhafte Gerichte wie Suppen, Aufläufe oder Bratlinge verwendet.

Gerste: Ein fein malzig schmeckendes Getreide, das aufgrund der Schleimstoffe besonders beruhigend auf Magen und Darm wirkt und sich **ab dem frühen Beikoststart** bewährt hat.

Hafer: Dieses wohl beliebteste Getreide in der Kinderernährung enthält mit die meisten **Mineralstoffe und Fettsäuren.** Sein besonders hoher Eisengehalt macht ihn ausgesprochen wichtig, falls ein Kleinkind vegetarisch ernährt wird. Er wirkt ausgleichend auf den Magen-Darm-Trakt und wird aufgrund der besonders **kräftigenden und energiespendenden Eigenschaften** vor allem auch für aktivere und krabbelnde Beikostkinder empfohlen.

Hirse: Aufgrund des hohen Eisengehalts wird Hirse gerne als Fleischersatz im Gemüsebrei verwendet. Da sich in den Randschichten dieses Getreides Gerbstoffe befinden, kommt es üblicherweise in geschälter Form in den Handel. Hirsekörner sollten vor der Verarbeitung gewaschen und mit heißem Wasser überbrüht werden, um die restlichen **Gerbstoffe** weitestgehend zu entfernen bzw. als Instant-Getreideprodukt verwendet werden. Braunhirse ist für die Ernährung von Säuglingen und Kindern nicht geeignet.

Mais/Kukuruz: In vielen Ländern ein Grundnahrungsmittel, spielt hierzulande neben der Verwendung als Instant-Getreide hauptsächlich als **Maisgrieß** für die Babyernährung eine Rolle, weil er zur Zubereitung der Polenta verwendet wird. Mais enthält viel Vitamin E.

Reis: Dieses beliebte und äußerst gut verträgliche Getreide gibt es in verschiedenen Formen. Besonders vitamin- und mineralstoffreich ist der ungeschälte **Naturreis,** der allerdings lange garen muss. Der rundkörnige **Risottoreis** wird beim Kochen besonders cremig und eignet sich ebenfalls für süßen Milchreis. Auch Reis sollte vor dem Kochen einmal gründlich in einem Küchensieb gewaschen werden. **Reismehl** findet in der Babykost Verwendung als Bindemittel.

Weizen: Ein Getreide, das aus der Babyernährung nicht wegzudenken ist. Es kommt vor als Grieß für den Brei, als Mehl zum Backen und Kochen oder in Form von Teigwaren.
Eine Variante des Hartweizengrießes ist **Couscous,** kleine Körnchen aus Mehl und Grieß, die durch Dampfen weich gegart werden – jedoch kann Couscous auch aus anderen Getreidearten hergestellt werden. **Bulgur** ist eine weitere Hartweizenspezialität, die es in verschiedenen Körnungsgrößen und auch aus anderen Getreidearten hergestellt gibt und die sich ebenso schnell und einfach zubereiten lässt. Beide sind besonders für die ersten stückigeren Breie recht beliebt.

BUTTER UND PFLANZENÖLE

Bedenkt man, welch rasante Wachstumsphasen ein Baby gerade im 1. Lebensjahr durchläuft, dann kann man sich eine Vorstellung von seinem Energiebedarf machen. Dazu gehört nicht zuletzt ein hoher Anteil an Fetten. Konkret bedeutet dies, dass Beikostkinder **im Alter zwischen 4 und 12 Monaten 35–45 % ihres Energiebedarfs in Form von Fetten** decken sollten.
Sowohl Butter als auch Pflanzenöle enthalten ein breites Spektrum unterschiedlicher Fettsäuren, die alle eine wichtige Rolle bei der Entwicklung Ihres Kindes spielen, und zudem oft erhebliche Mengen fettlöslicher Vitamine, besonders Vitamin E. Investieren Sie mit einem guten Pflanzenöl in die Gesundheit Ihres Babys.

Butter: Das aus Kuhmilch gewonnene Fett hat einen süßen Geschmack und macht Breie besonders cremig. Butter enthält vorwiegend **gesättigte Fettsäuren** und reichlich Vitamin A, Vitamin D und Vitamin E. Wissenschaftlichen Hinweisen zufolge soll CLA in Milchfett einen präventiven Effekt auf die Entstehung atopischer Erkrankungen haben. Bewährt und schmackhaft ist 1 TL Butter im Obst-Getreide-Brei. Ungesalzen, versteht sich!

CLA (= konjugierte Linolsäure) findet sich im Fett der Milch von Wiederkäuern wie Kühen, Schafen und Ziegen. Wissenschaftliche Untersuchungen deuten auf einen positiven Effekt gegenüber der Entstehung von allergischen Erkrankungen hin. Biomilch enthält interessanterweise dreimal mehr CLA als Milch von Tieren aus konventioneller Haltung.

INFO

Pflanzenöle: Hier bestehen hinsichtlich der Fettsäurestruktur große **qualitative und quantitative Unterschiede**, denn jedes pflanzliche Öl hat seine ganz eigene Zusammensetzung aus verschiedenen gesättigten und einfach sowie mehrfach ungesättigten Fettsäuren. Besonderes Augenmerk sollte, auch aus Sicht der Allergieprophylaxe, auf ein günstiges Verhältnis von Omega-3- zu Omega-6-Fettsäuren gerichtet werden. Anbieter spezieller **Beikostöle** berücksichtigen dieses durch Verwendung von Omega-3-reichen Ölen und einer sinnvollen Kombination verschiedener Pflanzenöle.

Häufig wird für die Beikost die Verwendung raffinierter Öle empfohlen, um möglichen Pestizidrückständen zu entgehen. Sinnvoller ist es jedoch, Pflanzenölen **aus biologischer Erzeugung** den Vorzug zu geben, die auf eventuelle Rückstände kontrolliert werden. Bei der Raffination nämlich werden nicht nur schädliche Rückstände entfernt, sondern auch wertvolle ungesättigte Fettsäuren zerstört, und es können veränderte Fettsäurestrukturen entstehen, die unter Umständen gesundheitsschädlich sind. Wenn Sie kalt gepresste, native Öle in geprüfter (Bio-)Qualität verwenden, haben Sie ein Höchstmaß an Sicherheit, Ihrem Kind ein unbelastetes Öl mit vielen wertvollen, lebensnotwendigen Fettsäuren zukommen zu lassen.

- **Hanfsamenöl, Nachtkerzenöl:** Diese beiden Öle enthalten viel Gamma-Linolensäure, die auch in der Muttermilch vorkommt. In Mischung mit anderen Pflanzenölen oder kurmäßig 1 TL pro Tag wirken sie oft Wunder bei trockener und neurodermitischer Haut.

- **Leinöl:** Kaum ein Öl enthält so viele wertvolle und essenzielle Omega-3-Fettsäuren wie das heimische Leinöl. Es ist eine wahre Gehirnnahrung und wirkt sich positiv bei entzündlichen Hauterkrankungen aus. Leinöl bei Babys **sparsam** dosieren – ½–1 TL pro Tag. Da Leinöl sehr schnell ranzig wird, muss es im Kühlschrank gelagert und nach Anbruch innerhalb von vier Wochen aufgebraucht werden.
- **Olivenöl:** Das typische Mittelmeerprodukt enthält neben viel Ölsäure wertvolle Fettbegleitstoffe und schmeckt lecker zu herzhaften mediterranen Gerichten. Gönnen Sie sich und Ihrem Baby ein hochwertiges natives Olivenöl aus erster Kaltpressung.
- **Rapsöl:** In den letzten Jahren konnte dieses heimische Öl ein erstaunliches Comeback feiern. Zu

Recht, denn sein Fettsäuremuster mit viel einfach ungesättigter Ölsäure und den mehrfach ungesättigten Fettsäuren Linolsäure und Alpha-Linolensäure macht es zu einem sehr gesunden und ausgewogenen Fettlieferanten gerade auch in der Babyernährung.

- **Sonnenblumen- und Maiskeimöl:** Früher Klassiker in der Beikosternährung gehen die heutigen Empfehlungen dahin, sie in Mischungen mit linolensäurereicheren Ölen wie etwa Rapsöl oder Hanfsamenöl zu verwenden.
- **Walnuss-, Macadamianuss-, Haselnussöl:** Gerade bei Babys, die sich im unteren Bereich der Gewichtstabelle befinden und trotz Beikost nur langsam zunehmen, können die nährenden Nussöle häufig das Mittel der Wahl sein. Geben Sie täglich 1 TL Nussöl in den kalten Obst-Getreide-Brei. Besonders das Öl der Walnuss ist ein guter Lieferant für lebensnotwendige Omega-3-Fettsäuren. Viele Kinder lieben zudem eine Massage mit den gut riechenden Nussölen.

Generell zu warnen ist vor **Ölen aus Plastikflaschen,** denn darin können sich problematische Weichmacher befinden. Aber auch Glas ist nicht gleich Glas. Greifen Sie ausschließlich zu **braunen oder dunkelgrünen Flaschen,** weil nur diese das Öl vor UV-Licht und damit vor frühzeitigem Verderben schützen. Außerdem müssen alle kalt gepressten, nativen Öle hitzegeschützt, bei konstanter Raumtemperatur gelagert und rasch verbraucht werden.

TIPP

Empfehlenswert ist es, zwei oder drei Öle in guter Qualität zu kaufen und diese im Wechsel mit Butter zu verwenden. Nehmen Sie beispielsweise Rapsöl oder Olivenöl für den Gemüsebrei und geben Sie in den Obstbrei abwechselnd Walnuss- oder Leinöl bzw. Butter.

Nussmuse: Sie sind aus der modernen Beikosternährung kaum mehr wegzudenken. Insbesondere vegetarisch oder vegan ernährte Babys und Beikostkinder mit Allergien oder Unverträglichkeiten profitieren von den wertvollen Inhaltsstoffen dieser Kraftpakete. Mittlerweile ein Klassiker ist **weißes Mandelmus,** daneben haben sich **Cashew- oder Sesammus** häufig bewährt. Wichtig ist, das Mus immer wieder gut durchzurühren, da sich das enthaltene Pflanzenöl schnell oben absetzt.

Margarine: Margarine aus Pflanzenölen ist für die Babybeikost **nicht zu empfehlen,** da bei der Härtung der Fette möglicherweise ungesunde Verbindungen, sogenannte Transfettsäuren, entstehen können. Daneben werden meist Omega-6-reiche Pflanzenöle verwendet, welche für die Baby- und Kinderernährung nicht günstig sind.

FLEISCH UND GEFLÜGEL

Generell fungieren Fleisch und Geflügel im Rahmen einer ausgewogenen Ernährung als hochwertige **Eiweißlieferanten.** Rotes Fleisch wie Kalb, Rind, Lamm oder Schwein enthält überdies viel gut verwertbares Eisen, Zink und B-Vitamine.

Eine zu hohe Eiweißzufuhr im Säuglings- und Kleinkindalter hat sich jedoch als gesundheitlich problematisch erwiesen und scheint zudem die Ausprägung von Übergewicht zu fördern, sodass man inzwischen empfiehlt, die tägliche Fleischmenge für ein Baby auf 20–30 g zu beschränken. Aufgrund von immer wiederkehrenden Lebensmittelskandalen und dem Einsatz von Medikamenten in der Tierzucht lehnen viele Eltern Fleisch in der Beikost sogar gänzlich ab. Sinnvoll ist es auf jeden Fall, zu **Biofleisch aus artgerechter Haltung** zu greifen, denn die Lebensumstände und die Fütterung des Tieres spiegeln sich in seinem Fleisch wieder. Wenn Sie jedoch Bedenken haben, können Sie beruhigt **im 1. Lebensjahr auf Fleisch verzichten,** ohne dass Mangelerscheinungen auftreten, sofern Sie ansonsten auf eine ausgewogene Ernährung achten.

Kalb: Das fettarme, zartrote Fleisch weniger Wochen bis 8 Monate alter Rinder ist besonders beliebt für die ersten fleischhaltigen Breie.

Lamm: Das Fleisch von jungen Schafen ist ernährungsphysiologisch besonders wertvoll, da es einen hohen Gehalt an Vitaminen und Mineralstoffen aufweist.

Rind: Enthält sehr viel Eisen und Zink. Bevorzugen Sie magere Filetstücke, die schnell gegart sind und zart bleiben.

Schwein: Achten Sie auch hier auf magere Stücke. Da in der Schweinemast häufig Medikamente eingesetzt werden, empfiehlt es sich besonders, Biofleisch den Vorzug zu geben.

Pute, Hühnchen: Geflügelfleisch ist besonders fett- und kalorienarm. Der Nachteil ist, dass Geflügel häufig durch Rückstände von Antibiotika belastet ist. Ein Grund mehr also, hier zu Bioqualität zu greifen.

FISCH

Nicht nur aus ernährungsphysiologischer Sicht hat es sich bewährt, im 1. Lebensjahr Fisch, der viel Eiweiß und essenzielle Fettsäuren enthält, in die Babyernährung einzubauen, denn **der regelmäßige Verzehr** scheint sich positiv auf die Vermeidung von allergischen Erkrankungen auszuwirken. Achten Sie jedoch auf **nachhaltigen Fischfang** mit dem MSC-Siegel oder auf **biologische Aquakultur.**

Meiden sollten Sie aber auf jeden Fall langlebige Raubfische wie Thunfisch, Aal, Schwertfisch, Heilbutt, Hecht, Seeteufel und Steinbeißer, denn diese Arten können mit Schwermetallen belastet sein und sind deshalb nicht für die Ernährung von Säuglingen und Kleinkindern geeignet.

Besonders zwei Fische sind hingegen zu empfehlen:

- **Lachs:** Der zartrosafarbene Fisch enthält viele essenzielle Fettsäuren, besonders Omega-3 (DHA), die für den Zellaufbau, das Gehirn und die Sehfunktion von entscheidender Bedeutung sind. DHA ist auch in der Muttermilch enthalten, was allein ihre Bedeutung für den Säugling widerspiegelt. Außerdem ist der Lachs ein wichtiger Lieferant von Vitamin D, das maßgeblich den Knochenaufbau beeinflusst.
- **Seelachs:** Das weiße, fettarme Fleisch enthält besonders viel Jod, das wichtig für die Entwicklung Ihres Babys ist.

HÜHNEREI

Reich an Eiweiß, Eisen und fettlöslichen Vitaminen empfiehlt es sich **besonders bei fleischarmer oder fleischfreier Babyernährung.** Geben Sie also regelmäßig ein Eigelb in den Brei. Auf die Verwendung von Eiweiß sollte allerdings wegen einer evtl. zu hohen Eiweißzufuhr lieber ganz oder weitestgehend verzichtet werden. Da auch in Hühnereiern immer wieder schädliche Rückstände festgestellt werden, gilt hier, die Priorität auf **Bioqualität** zu setzen. Garen Sie zudem die Eier gründlich durch, damit krank machende Erreger wie etwa Salmonellen keine Chance haben.

TIPP

Um eine ausreichende Jodzufuhr zu gewährleisten, empfiehlt das Netzwerk „Gesund ins Leben" bei gestillten Kindern, die ausschließlich selbst zubereitete Beikost-Nahrung bekommen, eine ergänzende Jodsupplementation von 50 µg pro Tag. Die Notwendigkeit hängt jedoch auch von der weiterhin vorhandenen Stillhäufigkeit und Muttermilchmenge, dem Jodgehalt der Muttermilch, der von der Jodaufnahme der Stillenden abhängig ist, und dem regelmäßigen Verzehr von Seefisch ab. Sind Sie diesbezüglich unsicher, lassen Sie sich von Expert:innen individuell beraten.

MILCHPRODUKTE

TIPP

Vorsicht mit sogenannten „Kinderprodukten“: Diese von der Werbung hochgejubelten Erzeugnisse enthalten meist sehr viel Zucker und Fett und sind für eine ausgewogene, gesunde Ernährung ungeeignet.

Kuhmilch: Entgegen früheren Empfehlungen geht man heute davon aus, dass sie **ab Beikostreife** regelmäßiger Bestandteil der Beikost sein darf und soll. Milch enthält nämlich viel knochenaufbauendes Kalzium und wertvolle fettlösliche Vitamine. Biologisch erzeugte Milch ist überdies besonders reich an essenziellen Fettsäuren.
Trotzdem sollte auch hier Maß gehalten werden: Bis zum Ende des 1. Lebensjahrs empfiehlt sich eine Obergrenze von **200 ml** am Tag, die sukzessive gesteigert im Milch-Getreide-Brei verarbeitet wird.

Schafmilch, Ziegenmilch, Stutenmilch: Alle drei Alternativen lassen sich für die Zubereitung des Breies verwenden, sind jedoch **kein Ersatz für Muttermilch!** Da sich die Eiweißstrukturen der Tiermilcharten sehr ähneln, sind sie auch bei einer nachgewiesenen Kuhmilchallergie nicht zu empfehlen. Sprechen Sie bei Bedarf mit Ihrer Kinderärztin/Ihrem Kinderarzt.

IN 100 g	ENERGIE	MILCHZUCKER	FETT	EIWEISS
Muttermilch	69 kcal	7,00 g	4,50 g	1,10 g
Kuhmilch	65 kcal	4,70 g	3,60 g	3,30 g
Schafmilch	97 kcal	4,70 g	6,30 g	5,30 g
Ziegenmilch	67 kcal	4,20 g	3,90 g	3,70 g
Stutenmilch	43 kcal	5,90 g	1,50 g	1,69 g

Phytoöstrogene sind sekundäre Pflanzenstoffe, die in ihrer Struktur den menschlichen Hormonen ähnlich sind. Da bisher noch nicht ausreichend geklärt werden konnte, inwiefern sie in sensiblen Entwicklungsphasen das Hormonsystem des Menschen beeinflussen können, wird von einer erhöhten Aufnahme im Baby- und Kleinkindalter abgeraten.

INFO

Joghurt, Quark: Beide Produkte werden durch Zugabe von Milchsäurebakterien aus Milch hergestellt. Quark ist sehr eiweißreich und daher im 1. Lebensjahr nicht geeignet. Ungesüßter Naturjoghurt dagegen kann ab Beikostreife nach Belieben anstelle von Milch gegeben werden.

Sojaprodukte, Sojamilch: Sie sollten aufgrund ihres Phytoöstrogengehalts (→ Info) nicht in größeren Mengen für Babys und Kleinkinder verwendet werden, maximal 1 Portion/Tag.

VEGETARISCHE UND VEGANE BEIKOST

RICHTIGE NÄHRSTOFFVERSORGUNG IST ENTSCHEIDEND

Immer mehr Familien entschließen sich aus unterschiedlichen Gründen zu einer Ernährung ohne Fleisch oder sogar komplett ohne tierische Produkte. Bei einer **gründlichen Nahrungsmittelauswahl** ist dies bis auf wenige Ausnahmen ohne bedenkliche Nährstoffeinbußen möglich. Beachtet werden muss jedoch, dass eine eventuelle Mangelernährung bei Babys sehr schnell zum Teil irreversible, also nicht wieder gutzumachende **Schäden und Entwicklungsstörungen** verursachen kann. Insbesondere bei den Mineralstoffen Eisen, Zink, Kalzium und Jod sowie Vitamin D, Vitamin B2 und B12, Omega-3-Fettsäuren EPA/DHA und essenziellen Aminosäuren (Eiweiß-/Proteinbausteinen) ist die Versorgung möglicherweise kritisch und muss bei Verzicht von tierischen Produkten gezielt über alternative Lebensmittel oder Nahrungsergänzungsmittel zugeführt werden.

Viele Eltern stellen sich aber auch mit Beginn der **Beikosteinführung** die Frage, ob sie ihrem Kind Fleisch und Fleischprodukte in der Nahrung anbieten möchten. Solche Überlegungen können nicht verwundern, hören wir doch allzu oft von Fleischskandalen, Tierseuchen oder Rückständen im Fleisch und zu hoher Belastung durch Pestizide, Antibiotika, Hormone und sogar von hochgefährlichen Schadstoffen wie Dioxin. Zwar hat es sich eingebürgert, Säuglingen bereits im 1. Lebensjahr Fleisch zu geben, doch ob es zwingend notwendig ist, mag dahingestellt sein. Viele Expert:innen beantworten mittlerweile diese Frage mit Nein und halten die Befürchtungen vieler Eltern, ihr Kind könne bei vegetarischer Kost **nicht genügend Eisen** bekommen, für unbegründet. Auch gestillte Babys erhalten über die Muttermilch so viel gut verwertbares Eisen, dass Sorgen in der Regel überflüssig sind.

Allerdings sollten Sie bei vegetarischer Ernährung bei der **Zubereitung der Breie** auf eisenreiche Lebensmittel achten, vor allem bei der Auswahl des Getreides. Die Menge an Eisen, die die üblichen 20–30 g Fleisch liefern, lässt sich nämlich mit derselben Menge Getreide ebenso gut abdecken. Besonders empfehlenswert sind hier Hirse oder Hafer. Wenngleich das Eisen aus tierischen Quellen besonders gut verfügbar ist, lässt sich durch die Zugabe von Vitamin-C-reichem Saft oder Obst die Aufnahme auch aus pflanzlichen Nahrungsmitteln verbessern. Ebenso können Sie durch **Hülsenfrüchte, Gemüse und Obst** die Eisenversorgung beeinflussen: **Grüne Erbsen,** Rote Bete, Pastinaken, Blumenkohl, Brokkoli, Kürbis, Aprikosen und alle Beerenfrüchte, vor allem Himbeeren, zählen zu den eisenreicheren pflanzlichen Nahrungsmitteln.

INFO

Eisen: Der Tagesbedarf eines Säuglings zwischen 4 und 12 Monaten beträgt 8 mg Eisen. In 100 g Rindfleisch (Filet) sind 2,3 mg enthalten, in 100 g Hirse 6,7 und in 100 g Haferflocken 5,4 mg.

TIPP

Nüsse und Samen können fein gemahlen oder als Nussmus gegeben werden.

Aufgrund noch unzureichender Erfahrungen und Daten zur veganen Beikosternährung wird von den führenden Ernährungsfachgesellschaften von dieser Ernährungsform in dieser sensiblen Entwicklungsphase **abgeraten.** Möchten Sie sich dennoch ganz ohne tierische Nährstofflieferanten ernähren, empfehle ich Ihnen unbedingt eine Beratung durch eine qualifizierte Hebamme oder Ernährungsberaterin sowie die zusätzliche Einnahme von Nahrungsergänzungsmitteln, damit Ihr Baby jederzeit ausreichend versorgt ist.

VEGETARISCHE UND VEGANE NÄHRSTOFFQUELLEN IM ÜBERBLICK

Kritischer Nährstoff	Vegetarische Quellen	Vegane Quellen
Eisen	Hühnerei, Hafer, Hirse, Amaranth, Sesam, Cashew, Kürbiskerne	Hafer, Hirse, Amaranth, Sesam, Cashew, Kürbiskerne
Zink	Hühnerei, Hafer, Amaranth, Paranuss, Walnuss, Leinsamen, Erdnuss, Sojamehl	Hafer, Amaranth, Paranuss, Walnuss, Leinsamen, Erdnuss, Sojamehl
Kalzium	Milchprodukte, Quinoa, Spinat, Brokkoli, Grünkohl, Fenchel, Kohlrabi, Walnuss, Mandel	Quinoa, Spinat, Brokkoli, Grünkohl, Fenchel, Kohlrabi, Walnuss, Mandel
Jod	Jodiertes Speisesalz, Milchprodukte, Meeresgemüse (unsicher), angereicherte Lebensmittel	Jodiertes Speisesalz, Meeresgemüse (unsicher), Salicorniapulver
Vitamin D	Endogene Synthese, fette Milchprodukte, Hühnerei, Champignons	Endogene Synthese, Champignons
Vitamin B2	Milchprodukte, Spinat, Grünkohl, Amaranth, Hafer	Spinat, Grünkohl, Amaranth, Hafer
Vitamin B12	Hühnerei, Milchprodukte	Versorgung nur über angereicherte Lebensmittel, Nahrungsergänzung
EPA/DHA	Mikroalgen, eingeschränkt über Alpha-Linolensäure-reiche Pflanzenöle	Mikroalgen, eingeschränkt über Alpha-Linolensäure-reiche Pflanzenöle
Unentbehrliche/ Essenzielle Aminosäuren	Hühnerei, Milchprodukte, Quinoa, Seitan, pflanzliche Proteinpulver (in Kombination), komplementäre Lebensmittelkombinationen Kartoffel + Ei, Getreide + Milch, Getreide + Hülsenfrüchte, Mais + Bohnen	Quinoa, Seitan, pflanzliche Proteinpulver (in Kombination), komplementäre Lebensmittelkombinationen Getreide + Hülsenfrüchte, Mais + Bohnen

GENIESSEN MIT ALLEN SINNEN: SCHLÜRFEN, SCHMATZEN, »ESSEN FASSEN«

TIPP

Gerade „beikostmüde" Kinder sprechen gut auf Baby-Fingerfood an!

ZEIT FÜR FINGERFOOD

Die Zeit der Beikost ist für Ihr Baby mit **vielen neuen Sinneseindrücken** verbunden. Geruch, Geschmack und Konsistenz eines jeden Nahrungsmittels wollen entdeckt werden. Schon im Mutterleib hat das Kind über das Fruchtwasser und nach der Geburt über die Muttermilch die ersten Geschmackseindrücke aufgenommen. Mit der Beikost und später mit der für kleine Kinder idealen Ernährung setzt sich diese individuelle Geschmacksprägung fort.

Dementsprechend wichtig ist es, Kinder schon vom ersten Löffel mit Babybrei an eine **gesunde, ausgewogene und vielseitige Kost** zu gewöhnen. Mit selbst zubereiteten Breien und Kindermahlzeiten können Sie entscheiden, was Ihr Kleines ins Schüsselchen oder auf den Teller bekommt – und ihm statt eines langweilig schmeckenden Einheitsbreis eine Vielzahl wertvoller Sinneseindrücke ermöglichen. Neben dem Erkunden von Geschmack und Konsistenz im Mund spielt das **Ertasten und Erfühlen** eine wichtige Rolle. Ungefähr zur selben Zeit, wenn Babys zeigen, dass sie reif für Beikost sind, entwickeln sie auch die Fähigkeit, selbst **Gegenstände mit der ganzen Hand zu greifen und zu halten.** Unterstützen Sie diesen Lernprozess, ermöglichen Sie es Ihrem Kind, nach Lebensmitteln zu greifen und diese in den Mund zu führen. Zum einen gewöhnt es sich frühzeitig daran, eine **Auswahl** zu treffen und verschiedene Nahrungsmittel zu unterscheiden, indem es sie mit seinen Sin-

nesorganen erkundet, sie tastet, riecht und schmeckt, und zum anderen ist dies ein gutes Training für die Ausbildung von **Feinmotorik und Auge-Hand-Mund-Koordination.**

Bieten Sie Ihrem Säugling schon zur Einführung der Beikost **Fingerfood** an. Das können anfangs etwas über babyfaustgroße **Obst- und Gemüsestückchen** sein, die Sie weich gegart haben, sodass Ihr Kind diese im Mund zerdrücken oder den Saft heraussaugen kann. Im Laufe der Zeit werden die Stückchen immer kleiner, damit der Zangen- oder Pinzettengriff erlernt wird – also das Greifen mit Daumen und Fingern. Achten Sie aber immer darauf, dass die Lebensmittel weich sind, weil sich Ihr Kind sonst womöglich verschluckt. Etwa ab dem 9. Lebensmonat sind die meisten Babys in der Lage, kleine Stückchen Brot oder Nudeln einzuspeicheln und am Gaumen und der Kauleiste zu zerdrücken.

FINGERFOOD-BASIERTE-BEIKOSTERNÄHRUNG (FFBB)

Eine ganz eigene Art der Beikost ist diese manchmal auch babygesteuerte Beikosteinführung gennante **(BLW – Baby-led Weaning)** Methode. Bei dieser Methode nehmen die kleinen Esser schon zu Beginn der Beikostreife ihr Essen selbst in die Hand und entscheiden aus einer Auswahl geeigneter Lebensmittel, was sie zu sich nehmen möchten. Gerade bei Geschwistern führt dies zu einer Entspannung am Familientisch, da das Baby noch einfacher an den gemeinsamen Mahlzeiten teilhaben kann und seiner Entdeckerfreude Nahrung gegeben wird.

In vielen Kulturen wird das **Fingerfood-Konzept** selbstverständlich und unproblematisch angewandt, allerdings müssen dabei ein paar **wichtige Punkte** beachtet werden:

- Beginnen Sie mit den ersten Versuchen, wenn Ihr **Baby frisch gefüttert und satt** ist, so fällt ihm die Umstellung leichter und es kann sich entspannt auf die neue Art der Ernährung einlassen. Mit zunehmender Essmenge werden die Milchmahlzeiten dann von selbst weniger bzw. wird erst nach der Beikost gestillt.
- Das Baby muss **aufrecht und sicher sitzen,** entweder auf Ihrem Schoß oder im Hochstuhl. Bieten Sie ihm sein Essen direkt vom Tisch (am besten von einer abwaschbaren Platzdecke) oder von seinem Stuhltablett an.

- Zu jeder Mahlzeit gibt es eine **Auswahl an weichen bzw. weich gegarten Lebensmitteln,** die das Baby gut greifen und zum Mund führen kann.
- Zuerst sind die **Stücke** etwas über babyfaustgroß, sobald es mit etwa 8–9 Monaten den Pinzettengriff lernt, sind sie auch kleiner.
- Das Baby **darf selbst entscheiden,** welche Lebensmittel es mag und wie viel es davon verzehren möchte. Es wird ihm nichts in den Mund gesteckt, sondern nur angeboten.
- Das Baby und die Familien nehmen die gleichen Grundzutaten auf, das setzt ein gesundes, vollwertiges und ausgewogenes Familienessen voraus. Es sollten keine Fertiggerichte, nichts scharf Gebratenes, Gewürztes, wenig Fettes oder Süßes verzehrt und alle Speisen salzarm zubereitet werden.

Als problematisch wird die im Vergleich zum Brei eher recht **geringe Nährstoffdichte der Mahlzeiten,** insbesondere durch die fehlende Fettzugabe, angesehen. Dies muss **im Alltag gut durchdacht** sein und kann praktisch durch eine Anreicherung mit Nussmus oder das Schwenken des Fingerfoods in etwas Pflanzenöl ausgeglichen werden. Meist bleiben Muttermilch oder Säuglingsmilchnahrung lange Zeit noch die Hauptnährstoffquellen, was nicht immer optimal ist.

ALLTAGSTAUGLICHE KOMBINATIONEN

Da kleine Babys ihren Eltern und älteren Schwestern und Brüdern vieles nachmachen und frühzeitig selbstständig Nahrung zu sich nehmen möchten, bietet sich eine **Kombination aus Brei und Fingerfood** an. Möchten Sie Ihr Kind ausschließlich mit Fingerfood ernähren, sollten Sie sich zusätzlich Rat und Hilfe von Ihrer Hebamme, dem Kinderarzt/der Kinderärztin oder von einer Fachkraft für Babyernährung holen. Grundsätzlich gilt: **Essen muss nährstoffliefernd sein und soll Freude bereiten.** Sie als Eltern dürfen entscheiden, was Ihr Baby aufs Tellerchen bekommt, und sich jederzeit den Bedürfnissen Ihres Familienlebens anpassen – aber unabhängig von dogmatischen Empfehlungen und Richtlinien!

GEEIGNETES FINGERFOOD

- **Ab 6–8 Monaten:** etwas über babyfaustgroße, weiche Obst- und Gemüsestücke, z. B. Pfirsich, Banane, Erdbeeren, gedünstete Apfel- und Birnenschnitze, weich gegarte Blumenkohl- und Brokkoliröschen, Avocadostücke, hart gekochte Eier, weiches oder eingeweichtes Brot (kein grobkörniges Brot), gekochte Nudeln (Farfalle, Spirelli, Penne), Pfannkuchenstückchen.
- **Ab 9 Monaten:** kleinere Stücke zum trainieren des Pinzettengriffs, z. B. gekochte Erbsen, Maiskörner, kleinere gekochte Nudeln, Himbeeren, kernlose Trauben (geviertelt!!), klein geschnittenes weiches Obst, milde Käsewürfel, weich gekochte Fleisch- und Fischstückchen, Getreide-/Linsenbratlinge, Hackfleischbällchen.

RESPONSIVE FEEDING

Responsive bedeutet so viel wie „aufeinander reagierend" und beschreibt in der Ernährungsentwicklung in Familien, dass Eltern und Kinder ein gegenseitig aufmerksames, achtsames, bedürfnisorientiertes Fütterungs- und Essverhalten pflegen. Die Hunger- und Sättigungssignale des Kindes werden beachtet, es wird kommunikativ, zugewandt und am besten gemeinsam gegessen.

So kann das Baby Hunger/Bereitschaft zum Essen/Trinken zeigen:

- Es sucht und schmatzt mit den Lippen.
- Es saugt an Fingern oder Betttuch.
- Unruhe und Strampeln können auf Hunger hindeuten, müssen aber kein Hungersignal sein.
- Schreien (häufiger bei jungen Säuglingen) ist ein eher spätes Hungersignal.
- Es öffnet den Mund und bewegt den Kopf auf den Löffel zu.
- Es greift nach Lebensmitteln/steckt sich Lebensmittel in den Mund.

So kann das Baby Sättigung zeigen:

- Es hört auf zu saugen/zu trinken oder zu essen.
- Es lässt die Brustwarze/den Sauger los.
- Es ist entspannt und zufrieden.
- Es schläft beim Stillen/Füttern ein.
- Es verlangsamt das Trinken/Essen.
- Es wehrt Essen ab (schlägt den Löffel weg, dreht Kopf/Körper weg, öffnet den Mund nicht mehr).

Diese responsive Art des Fütterns und Essens bestärkt Babys und Kinder in ihrer Selbstregulationsfähigkeit und ihrem Handeln und unterstützt somit ein gesundes Essverhalten. Werden die Signale der Kinder regelmäßig übergangen, sie hungern gelassen, zum Essen gedrängt oder mit Essen getröstet oder belohnt, dann führt dieses zu einer Überformung und Fehlinterpretation von Bedürfnissen und Gefühlen. Das kann später möglicherweis zu einem ungesunden Essverhalten führen. Es ist für Ihr Kind wertvoll zu lernen, Hunger und Sättigung als Regulationsmechanismen der Nahrungsaufnahme vom Bedarf nach emotionaler Zuwendung zu unterscheiden.

Auch in den ersten 4–6 Lebensmonaten ist es wichtig, dass die Eltern schon bei frühen Hungerzeichen reagieren und ihr Baby entscheiden lassen, wie lange bzw. wie viel es trinken möchte.
Ihr Kind kann Ihnen, je nach Alter und Entwicklungsstufe, durch Körperhaltung, Gesichtsausdruck, Blickverhalten, mit Lauten oder Worten mitteilen, ob es Hunger hat, (weiter)trinken/essen will oder satt ist und auch, ob es ab der Beikostzeit selbst essen möchte. Dementsprechend kann eine achtsame responsive Beikosternährung praktiziert werden. Sie als Eltern dürfen auf die Selbstregulationsfähigkeit und die inneren Signale Ihres Kindes vertrauen.
Wird Ihr Baby unruhig, wendet den Blick ab, dreht den Kopf weg, wehrt das Essen bzw. den Löffel ab, hört auf zu essen oder spielt nur noch mit dem Essen, dann können sie behutsam versuchen, es zum Weiteressen zu ermutigen. Möglicherweise muss Ihr Kind aufstoßen, es möchte zwischendurch ein Schlückchen trinken und dann weiteressen. Ist die Mahlzeit aber eindeutig beendet, dann drängen Sie Ihr Kind nicht, räumen den Teller weg und vertrauen darauf, dass Ihr Baby für diesen Moment wirklich genug hat.

Ein wichtiger Merksatz für die achtsame Ernährung von Kindern lautet:
Die Eltern entscheiden WAS/WIE angeboten wird, das Kind OB/WANN und WIEVIEL es davon braucht.

SCHRITT FÜR SCHRITT ZUR BEIKOST

TIPP

Grundsätzlich gilt: Führen Sie die Beikost in Ihrem Tempo ein.

DER ERNÄHRUNGSPLAN FÜR DAS 1. LEBENSJAHR

In der Praxis hat sich die **schrittweise Einführung einer neuen Breimahlzeit pro Monat** bewährt, beginnend etwa **ab dem 5. bis 7. Lebensmonat.** Daran orientieren sich die Rezepte in diesem Buch.

Unterstützung bei der schrittweisen Einführung der Breikost kann Ihnen unser **Beikostplan** bieten. Er dient als Richtschnur und verdeutlicht die Zeitspannen für den Übergang zu den drei Breimahlzeiten bis hin zum kompletten gemeinsamen Familienessen. Er bietet Anhaltspunkte und damit Empfehlungen.

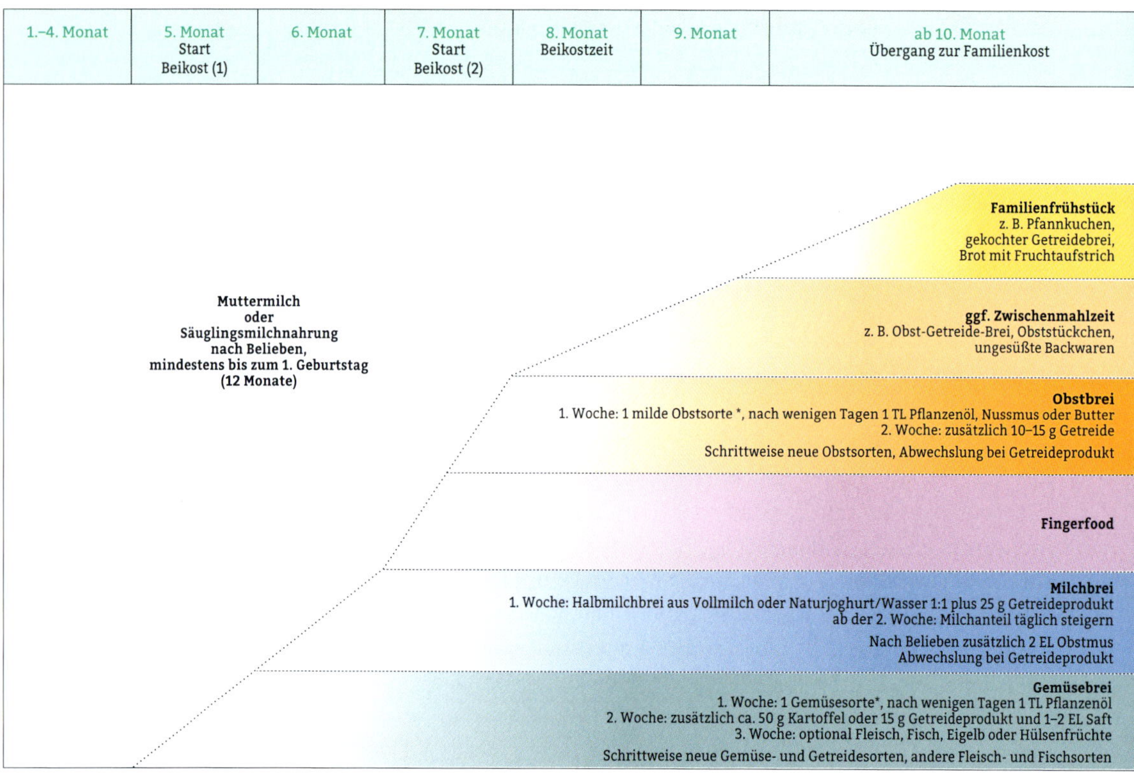

(1) Beikoststart S3 Leitlinie Allergieprävention
(2) Beikoststart S3 Leitlinie Stilldauer
* Auswahl nach Saison

Im Vordergrund steht aber immer die **Individualität**, also die Bedürfnisse Ihres Babys. Denn ein Kind lässt sich letztlich weder nach Plan stillen noch zu Bett bringen oder ernähren. Auch die Essgewohnheiten Ihrer Familie sollten Sie berücksichtigen.

DIE WICHTIGSTEN SCHRITTE IM ÜBERBLICK

- Als erste Beikost bekommen Babys in der Regel einen **warmen Mittagsbrei**, bestehend aus Gemüse, Kartoffeln oder Getreide, Fleisch oder Fisch, Ei oder Hülsenfrüchten **(Gemüsebrei bzw. Gemüse-Kartoffel/Getreide-Fleisch/Fisch/Ei/Hülsenfrüchte-Brei).** Er vermittelt erste Geschmackseindrücke und versorgt Ihr Baby mit zusätzlicher Energie, essenziellen Fettsäuren, Vitaminen und Mineralstoffen, vor allem Eisen, Zink oder Jod.
- Die zweite Beikostmahlzeit ist der **warme Abendbrei** aus Milch und Getreide **(Milchbrei bzw. Milch-Getreide-Brei)**, der die Nährstoffzufuhr um Energie, Eiweiße, Kalzium, Jod, Milchfett und fettlösliche Vitamine wie Vitamin A und Vitamin D erweitert.
- Zuletzt wird die Ernährung Ihres Babys mit dem **Obstbrei** bzw. **Obst-Getreide-Brei** als Zwischenmahlzeit am Nachmittag oder verteilt auf Vormittag und Nachmittag ergänzt (wiederum etwa einen Monat später). Er liefert weitere Energie, Vitamine, Mineralstoffe und Fette.

Die drei Breimahlzeiten Gemüsebrei, Milchbrei und Obstbrei sind das **Grundgerüst der Beikostnahrung** in der zweiten Hälfte des 1. Lebensjahres. Neben dem gleichzeitigen Stillen (→ S. 16) bzw. der Säuglingsmilchnahrung sorgen sie für eine ausgewogene und nährstoffreiche Versorgung Ihres Babys. Sie benötigen nur die in den Rezepten genannten Zutaten, vor allem Salz und Gewürze sind in den Breimahlzeiten überflüssig! Bieten Sie genügend Abwechslung in der Auswahl der Zutaten, um Ihrem Baby **unterschiedliche Geschmackseindrücke** zu ermöglichen. Selbstverständlich dürfen Sie die einzelnen Breimahlzeiten zeitlich an den **gewohnten Tagesablauf Ihrer Familie** anpassen. So ist es beispielsweise möglich, den warmen erweiterten Gemüsebrei (→ S. 55) auch abends in Verbindung mit der warmen Hauptspeise der Familie zu geben. Oder Sie reichen nachmittags den Milchbrei zusammen mit einer Zwischenmahlzeit oder einem Milchshake für die älteren Geschwister. Als Unterstützung finden Sie im Anhang des Buches ein Register für alle Breirezepte (→ S. 183).

DER ERWEITERTE GEMÜSEBREI (GEMÜSE-KARTOFFEL/GETREIDE-FLEISCH/FISCH/EI/HÜLSENFRÜCHTE-BREI)

Gerade bei der ersten Breimahlzeit, dem Gemüsebrei, ist die **schrittweise Heranführung** Ihres Babys ganz besonders wichtig:

- Der erste Brei, den Ihr Baby bekommt, besteht aus **reinem Gemüse.** Wählen Sie bekömmliche Sorten wie Pastinake, Karotte, Zucchini, Kürbis oder Fenchel. Neugierige Babys werden die ungewohnten Geschmackseindrücke dankbar annehmen. Andere Babys benötigen ein paar Anläufe, um sich an Geschmack und Konsistenz zu gewöhnen. Geben Sie Ihrem Baby die Zeit, die es benötigt. Lehnt es den Gemüsebrei konsequent ab, können Sie einen neuen Versuch starten und dem Gemüsebrei ein wenig süßes Obstmus, z. B. Apfel- oder Birnenmus, unterrühren.
- Wird der Gemüsebrei akzeptiert, wird er mit 1 TL **nativen Pflanzenöls** ergänzt. Dieses gewährleistet die Versorgung mit essenziellen Fettsäuren und wird dem hohen Energiebedarf im 1. Lebensjahr gerecht. Mengenverhältnis: 100 g Brei sollten Sie etwa 1 TL Pflanzenöl zufügen.
- Nach etwa einer Woche wird der Gemüsebrei nun mit **Kartoffeln oder Getreide** ergänzt. Diese bieten zusätzliche Energie und wertvolle Mineralstoffe. Zu den 100 g Gemüsebrei kommen entweder eine kleine gekochte Kartoffel, ca. 50 g, oder 15 g Getreide. Dabei bieten sich vor allem in den ersten Beikostmonaten Instant-Flocken oder TAU-Getreide an (→ S. 34). Ab dem 8. Lebensmonat freuen sich die Babys über eine andere Konsistenz, dann können Sie z. B. Bulgur, Couscous, gekochte kleine Nudeln, Reis oder Hirse verwenden.
  Möchten Sie Ihr Baby vegetarisch ernähren, bevorzugen Sie eisenreiche Getreidesorten wie Hafer oder Hirse. Der Gemüse-Getreide-Brei wird optional mit 1–2 EL frischem Saft oder einem kleinen Spritzer Zitronensaft angereichert. Alternativ dazu können Sie auch ein Stück weiches Obst oder etwas frisches Obstmus zum Nachtisch anbieten. Das darin enthaltene Vitamin C unterstützt die Eisenaufnahme.
  Außerdem sollten Sie die Menge des Pflanzenöls in diesem Brei nun auf 2 TL steigern.
- Um dem erhöhten Nährstoffbedarf gerecht zu werden, wird der Gemüse-Getreide-Brei zuletzt noch um 20–30 g **Fleisch, Fisch, Ei oder Hülsenfrüchte** ergänzt. Das Fleisch liefert wich-

TIPP

Grundrezepte → S. 62

Während des 1. Lebensjahres braucht Ihr Baby nicht zwingend eine (pürierte) Fleischzugabe im Brei (→ S. 43). Stattdessen können Sie in den Brei regelmäßig ein gekochtes Eigelb in Bioqualität einrühren.

INFO

tige Spurenelemente wie Eisen und Zink, die Ihr Baby für ein gesundes Wachstum benötigt. Fisch, vor allem fettreiche Sorten, enthält essenzielle Omega-3-Fettsäuren, Seefisch außerdem zusätzlich Jod.

TIPP

Geben Sie nach Wunsch im Wechsel vier- bis fünfmal pro Woche Fleisch und ein- bis zweimal pro Woche Fisch oder auch regelmäßig ein Eigelb oder Hülsenfrüchte. Auch der fleischhaltige Brei wird zur besseren Eisenverwertung mit etwas frischem Vitamin-C-haltigem Obstsaft angereichert. Ab dem 8. Monat können Sie statt des Safts ein rohes Stück püriertes oder fein geriebenes Obst (Apfel, Birne, Aprikose oder Pflaume) zugeben.

AUF EINEN BLICK:

DER GEMÜSE-KARTOFFEL/GETREIDE-FLEISCH/FISCH/EI/HÜLSENFRÜCHTE-BREI

Schritt 1: Gemüsebrei

Eine Gemüsesorte (Karotten/Pastinaken/Kürbis oder Zucchini),
Menge nach Akzeptanz des Babys steigern. Nach ein paar Tagen 1 TL Pflanzenöl dazugeben.

Schritt 2: Gemüse-Kartoffel/Getreide-Brei

Zu ca. 80–100 g Gemüse 1 kleine Pellkartoffel zerdrücken,
1–2 TL Pflanzenöl und 1–2 EL Saft hinzufügen.
Wahlweise alternativ zu der Kartoffel auch ca. 15 g Getreideflocken.

Schritt 3: Gemüse-Kartoffel/Getreide-Fleisch/Fisch/Ei/Hülsenfrüchte-Brei

In den fertigen Brei 20–30 g gedünstetes, püriertes Fleisch mischen oder öfter mal stattdessen gedünsteten, pürierten Fisch oder ein Eigelb oder Hülsenfrüchte. Nicht würzen!

DER VEGETARISCHE GEMÜSE-KARTOFFEL/GETREIDE/EI/HÜLSENFRÜCHTE-BREI

Schritt 1: Gemüsebrei

Eine Gemüsesorte (Karotten/Pastinaken/Kürbis oder Zucchini),
Menge nach Akzeptanz des Babys steigern. Nach ein paar Tagen 1 TL Pflanzenöl dazugeben.

Schritt 2: Gemüse-Getreide-Brei

Zu ca. 80–100 g Gemüse 10–15 g eisenreiche Getreideflocken oder 1 kleine Pellkartoffel plus 1–2 TL Pflanzenöl hinzufügen. Optional ergänzen durch ein Eigelb oder Hülsenfrüchte, zusätzlich 1–2 EL Vitamin-C-haltigen Obstsaft zur besseren Eisenaufnahme. Nicht würzen!

DER MILCHBREI (MILCH-GETREIDE-BREI)

Für den **Milch-Getreide-Brei** verwenden Sie frische **Vollmilch oder Naturjoghurt** am besten in Bioqualität. Fettarme Milch, ESL- oder H-Milch sind für eine vollwertige Ernährung nicht geeignet. Möchten Sie Vorzugs- oder Rohmilch geben, sollten Sie diese zum Schutz der Gesundheit Ihres Kindes immer mindestens 2 Minuten auf 75 °C erhitzen. Nach dem 6. Lebensmonat können Sie bei Verwendung von pasteurisierter Milch außerdem auf das Aufkochen der Flüssigkeit verzichten.

Ergänzt wird die Vollmilch durch 25–30 g **Getreide.** Dafür können Sie Instant-Getreideflocken verwenden, aber auch Hafer- oder Dinkelflocken, Couscous, Polenta, Reis oder Grieß. Wichtig ist nur, dass das Getreide ausreichend weich gekocht ist, denn rohes Getreide verträgt Ihr Kind noch nicht.

Ein wenig **Saft, Obstmus,** ab dem 8. Monat auch frisch geriebenes Obst sorgen für geschmackliche Abwechslung und zusätzliche Vitamine.

TIPP

Grundrezepte → S. 68

Der Milch-Getreide-Brei wird zur besseren Verträglichkeit anfangs als Halbmilchbrei gegeben. Das heißt anfangs wird die **Vollmilch im Verhältnis 1:1 mit frischem Wasser verdünnt,** das erleichtert dem Verdauungsapparat Ihres Babys die Gewöhnung an den Milchbrei. Innerhalb von 1–2 Wochen können Sie dann den Wasseranteil reduzieren. Die Milchmenge wird dann täglich in kleinen Dosen schrittweise erhöht, bis Sie kein Wasser mehr zusetzen. So bekommt Ihr Baby einen gehaltvollen Brei. Das ist wichtig, um auch eine ausreichende Nährstoffzufuhr zu gewährleisten.

In manchen Fällen kann es hilfreich sein, den Milchbrei tagsüber einzuführen, um den **Schlaf** Ihres Babys nicht durch Verdauungsarbeit zu beeinträchtigen. Irrtümlicherweise meinen viele Eltern, ihr Kind würde nach einer reichhaltigen Abendmahlzeit besser und länger durchschlafen.

TIPP

AUF EINEN BLICK: DER MILCH-GETREIDE-BREI

Schritt 1: Halbmilch-Getreide-Brei

100 ml Vollmilch oder Naturjoghurt (3,5 % Fett) + 100 ml Wasser
25 g Getreide plus 2 EL Obstsaft oder Obstpüree zur geschmacklichen Abwechslung. Milchanteil täglich steigern.

Schritt 2: Vollmilch-Getreide-Brei

200 ml Vollmilch (3,5 % Fett) oder Naturjoghurt (3,5 % Fett)
25 g Getreide plus 2 EL Obstsaft oder Obstpüree zur geschmacklichen Abwechslung. Nicht zusätzlich süßen!

Das Gegenteil ist meist der Fall, denn zu viel Essen im Magen führt schnell zu Bauchschmerzen und Blähungen. Lassen Sie deshalb Ihr Kind entscheiden, wie viel es essen möchte.

DER OBSTBREI (OBST-GETREIDE-BREI)

Der milchfreie **Obst-Getreide-Brei,** meist am Nachmittag, rundet dann das Beikostangebot ab. Dieser Brei kommt bei den meisten Babys gut an, da er durch die natürliche Fruchtsüße lecker schmeckt. Hier können Sie ganz nach saisonaler Verfügbarkeit für **reichlich Abwechslung** sorgen. Besonders beliebt sind milde Apfelsorten, Birnen, Aprikosen, Pfirsiche, Beeren oder Bananen.

TIPP

Grundrezepte → S. 69

Exotische Früchte wie Kiwi, Ananas oder Zitrusfrüchte können einen wunden Po und Hautreizungen verursachen, probieren sie diese zuerst nur in kleinen Mengen aus. Auch Erdbeeren sollten Sie nur in Maßen verwenden (max. 100 g täglich), diese können nämlich in manchen Fällen zu Unverträglichkeiten führen. Verwenden Sie generell **ungespritztes Obst aus kontrolliert biologischem Anbau** (→ S. 25)!
Für den Obstbrei wählen Sie 100 g **frisches Obst,** das durch 10–15 g **Getreide** ergänzt wird, gelegentlich auch etwas Zwieback oder ungesüßte Babykekse. Zunächst wird der Obstbrei noch gekocht, ab dem 8. Monat können Sie das rohe Obst püriert oder fein gerieben geben. Zur Fettanreicherung fügen Sie 1 TL **Butter, Nussmus** oder **natives Pflanzenöl** hinzu.

TIPP

AUF EINEN BLICK:
DER OBST-GETREIDE-BREI

100 g frisches Obst der Saison
10–15 g Getreide , Zwieback oder Babykekse (ungesüßt)
1 TL Butter, Nussmus oder Pflanzenöl

Obst zunächst weich kochen und fein pürieren, ab dem 8. Monat auch roh gerieben oder zerdrückt hinzufügen. Nicht zusätzlich süßen! Sehr gut für unterwegs geeignet.

Möchten Sie den Obst-Getreide-Brei **für unterwegs** vorbereiten, empfiehlt es sich, nach dem Abkühlen einen Spritzer Zitronensaft hinzuzugeben, denn so vermeiden Sie, dass der Brei braun wird. Außerdem sorgt die Zitrone dafür, dass manche Inhaltsstoffe besser geschützt werden.

FRÜHSTÜCK

Neben den Breimahlzeiten darf Ihr Baby nach und nach immer mehr am „normalen" Familienessen teilhaben und unter den schon erwähnten Voraussetzungen gerne das eine oder andere Häppchen kosten. Besonders das **Frühstück** bietet Gelegenheit, die Kleinen an den Familienmahlzeiten teilnehmen zu lassen. Die meisten Babys werden bis zum 2. Lebensjahr morgens gestillt oder bekommen ihr Fläschchen. Das ist aber kein Grund, sie deswegen vom Frühstückstisch auszuschließen.

Sobald Ihr Baby Interesse zeigt, können Sie ihm im Rahmen Ihres eigenen Frühstücks **weiche, babygerechte Kost** anbieten. Das können ein bunter Obstsalat zum Naschen, kleine Pfannkuchenstückchen, Butter- oder Marmeladenbrot oder auch mal ein wenig ungewürztes Rühreі sein. Lassen Sie sich von den Rezepten für Fingerfood inspirieren!

GRUNDREZEPTE

Auf den nächsten Seiten finden Sie noch einmal einen Überblick über die Grundrezepte für die Beikosternährung.

GRUNDREZEPTE

Auf den folgenden Seiten finden Sie einen Überblick über alle Grundrezepte. Die Grundzutaten können Sie nach Ihren Ernährungsvorlieben und -gewohnheiten, saisonaler und regionaler Verfügbarkeit oder auch Ihrer Experimentierfreude auswählen.

Vielleicht identifizieren Sie sich eher mit dem Brei mit Hülsenfrüchten statt dem mit Fleisch? Möglicherweise probieren Sie gerne aus, was sich mit Pastinake, Fenchel und Co für leckere Gerichte zubereiten lassen. Gehen Sie auf eine gemeinsame kulinarische Entdeckungsreise und lassen Sie sich gerne auch selbst durch neue Geschmackseindrücke, Lebensmittel und Gerichte inspirieren! Eine vielfältige und ausgewogene Familienkost ist eine Bereicherung für Groß und Klein.

TIPP

Essen als soziokulturelles Miteinander bedeutet auch, dass die Gewohnheiten aller Familienmitglieder berücksichtigt werden und gleichzeitig möglicherweise eine neue Familien-Esskultur geprägt wird.

Es gibt nur wenige Lebensmittel, die für Kinder im ersten Lebensjahr ungeeignet sind und auf die Sie sicherheitshalber verzichten sollten:

- Rohe tierische Lebensmittel und daraus hergestellte, nicht erhitzte Speisen wie rohes Fleisch, Mett, Tatar und roher Fisch und Meerstiere, Sushi, rohe Eier, Mayonnaise und Rohmilchprodukte. Ein komplettes Durcherhitzen auf 70 °C oder mehr über mindestens zwei Minuten tötet bedenkliche Keime ab.
- Honig und Ahornsirup
- Unzerkleinerte harte oder prallelastische (rundliche Form und glatte Oberfläche, gleichzeitig ganz leicht nachgebend) Lebensmittel, die zu Verschlucken oder Aspirationsunfällen führen können: ganze Nüsse und Samen, ganze Kirschtomaten oder Weintrauben, Hülsenfrüchte, Fisch mit Gräten, zähe Fleischstücke. Seien Sie grundsätzlich achtsam und immer in der Nähe Ihres Babys, wenn es seine ersten Fingerfood-Versuche macht. Geben Sie, solange Ihr Kind noch keine Backenzähne zum ausreichenden Zerkleinern hat, rohes hartes Obst wie Äpfel oder rohes Wurzelgemüse nur ausreichend fein gerieben und püriert.

Ansonsten können Sie sich an den Empfehlungen der Ernährungspyramide orientieren und im Rahmen der Grundrezepte für kulinarische Vielfalt und Genuss sorgen.

Die ersten reinen Gemüsebreie sind in der Regel noch eher dünnflüssig, damit sich Ihr Baby an die neue Konsistenz der Nahrung gewöhnen kann. Je nach Wassergehalt des Gemüses finden Sie hier deshalb unterschiedliche Flüssigkeitsangaben. Je nachdem, wie gut Ihr Kind zurechtkommt, können Sie die Flüssigkeitsmenge individuell variieren. TIPP

GEMÜSEBREI

50–100 g mildes Gemüse (z. B. Karotten, Zucchini, Kürbis, Pastinake)
30–100 ml Wasser (abhängig vom Wassergehalt und der Konsistenz des Gemüses)
1 TL Beikostöl (nach ein paar Tagen, sobald das Gemüse akzeptiert wird)

1. Das Gemüse waschen, schälen und in kleine Stücke schneiden. Die Gemüsestückchen in 30–100 ml Wasser bei kleiner Hitze 10 Minuten weich kochen.
2. Das Gemüse samt Kochwasser mit dem Stabmixer fein pürieren und auf Esstemperatur abkühlen lassen.
3. Unmittelbar vor dem Essen das Öl unterrühren.

GEMÜSE-KARTOFFEL-BREI

100 g Gemüse
1 kleine Kartoffel (50 g)
30–50 ml Wasser (abhängig vom Wassergehalt und der Konsistenz des Gemüses)
2 TL Beikostöl
1–2 EL Obstsaft (Apfel-, Orangensaft), vorzugsweise frisch gepresst

1. Das Gemüse waschen, schälen und in kleine Stücke schneiden. Die Gemüsestückchen in 30–50 ml Wasser bei kleiner Hitze 10 Minuten weich kochen.
2. Das Gemüse samt Kochwasser mit dem Stabmixer fein pürieren und auf Esstemperatur abkühlen lassen.
3. Die Kartoffel mit Wasser bedeckt bei kleiner Hitze in 15–20 Minuten weich kochen (mit einem spitzen Messer hineinstechen und testen, ob sie schon weich ist).
4. Die Kartoffel schälen, mit einer Gabel fein zerdrücken und mit dem Gemüsebrei mischen.
5. Unmittelbar vor dem Essen das Öl und den Saft hinzufügen.

GEMÜSE-GETREIDE-BREI

100 g Gemüse
15–20 g Instant-Getreideflocken
2 TL Beikostöl
1–2 EL Obstsaft (Apfel-, Orangensaft), vorzugsweise frisch gepresst

1. Das Gemüse waschen, schälen und in kleine Stücke schneiden. Die Gemüsestückchen in einem Topf in 100 ml Wasser bei kleiner Hitze 10 Minuten weich kochen.
2. Das Gemüse samt Kochwasser mit dem Stabmixer fein pürieren und auf ca. 50 °C abkühlen lassen.
3. Die Instant-Getreideflocken in den Brei einrühren, ausquellen und auf Esstemperatur abkühlen lassen.
4. Unmittelbar vor dem Essen das Öl und den Saft hinzufügen.

Variante: Möchten Sie statt Instant-Produkten **Getreideflocken** oder herkömmlichen **Grieß** verwenden, kochen Sie diese mit der benötigten Flüssigkeit separat auf und lassen Sie sie ein paar Minuten ausquellen. Reduzieren Sie das Garwasser beim Gemüse entsprechend auf ca. 30–50 ml.

Als Alternative zu Getreideflocken oder Grieß bietet sich bei diesem und den folgenden Rezepten auch die Verwendung von **TAU-Getreide** (→ S. 34) an.

TIPP

GEMÜSE-KARTOFFEL/GETREIDE-FLEISCH/FISCH/EI-BREI

100 g Gemüse
20–30 g mageres Fleisch (Kalb, Rind, Lamm)
1 kleine Kartoffel (50 g) oder 15–20 g Instant-Getreideflocken (plus ca. 100 ml Wasser)
2 TL Beikostöl
1–2 EL Obstsaft (Apfel-, Orangensaft), vorzugsweise frisch gepresst

1. Das Gemüse waschen, schälen und in kleine Stücke schneiden. Das Fleisch in kleine Würfel schneiden, mit dem Gemüse in 30 ml Wasser bei kleiner Hitze 10 Minuten weich kochen.
2. Das Gemüse und das Fleisch samt Kochwasser mit dem Stabmixer fein pürieren und auf Esstemperatur abkühlen lassen.
3. Die Kartoffel mit Wasser bedeckt auf kleiner Stufe in 15–20 Minuten weich kochen (mit einem spitzen Messer hineinstechen und testen, ob sie schon weich ist).
4. Die Kartoffel schälen, mit einer Gabel fein zerdrücken und mit dem Gemüsebrei mischen.
5. Unmittelbar vor dem Essen das Öl und den Saft hinzufügen.

Variante: Möchten Sie **Getreideflocken** oder herkömmlichen **Grieß** verwenden, kochen Sie diese mit der benötigten Flüssigkeit separat auf und lassen Sie das Ganze ein paar Minuten ausquellen. Als Alternative zum Fleisch bietet sich ein- bis zweimal in der Woche Fisch oder ab und zu ein Eigelb an.

TIPP

Ab dem 8. Monat können Sie statt des Safts als Vitamin-C-Lieferant ein rohes Stück fein geriebenes Obst wie Apfel, Birne, Aprikose oder Pflaume zugeben.

VEGETARISCHER GEMÜSE-GETREIDE-BREI

100 g Gemüse
15–20 g Instant-Getreideflocken
2 TL Beikostöl
1–2 EL Obstsaft (Apfel-, Orangensaft), vorzugsweise frisch gepresst, oder ab dem 8. Lebensmonat 1 Schnitz frisches Obst (Apfel, Birne)

1. Das Gemüse waschen, schälen und in kleine Stücke schneiden. Die Gemüsestückchen in einem Topf in 100 ml Wasser bei kleiner Hitze 10 Minuten weich kochen.
2. Das Gemüse samt Kochwasser mit dem Stabmixer fein pürieren und auf ca. 50 °C abkühlen lassen.
3. Die Instant-Getreideflocken in den Brei einrühren, ausquellen und auf Esstemperatur abkühlen lassen.
4. Unmittelbar vor dem Essen das Öl und den Saft hinzufügen bzw. das Obst mit einer Küchenreibe raspeln und unterheben.

Varianten: Möchten Sie **Getreideflocken** verwenden, kochen Sie diese mit der benötigten Flüssigkeit auf und lassen Sie sie ein paar Minuten ausquellen. Reduzieren Sie das Garwasser beim Gemüse entsprechend auf ca. 30–50 ml. **Rohe Hirsekörner** sollten Sie vorher in einem feinmaschigen Sieb unter heißem Wasser waschen. Überbrühen Sie die Körner mit kochendem Wasser, das Sie anschließend abgießen. Kochen Sie dann die Hirse in der 2,5-fachen Menge Wasser in 12–15 Minuten gar und pürieren Sie sie zusammen mit dem gegarten Gemüse. Reduzieren Sie das Kochwasser des Gemüses auf 30 ml.

Anstelle des Getreideprodukts können Sie gelegentlich eine kleine Pellkartoffel zum Gemüse geben.

Ab dem 2. Beikostmonat sollten Sie bewusst eisenreiches Gemüse bevorzugen. Besonders eisenreiches Getreide sind Hafer und Hirse.

TIPP

VEGETARISCHER GEMÜSE-GETREIDE-LINSEN-BREI

1–2 EL rote oder gelbe Linsen
100 g Gemüse
15–20 g Instant-Getreideflocken
2 TL Beikostöl
1–2 EL Obstsaft (Apfel-, Orangensaft), vorzugsweise frisch gepresst, oder ab dem 8. Lebensmonat 1 Schnitz frisches Obst (Apfel, Birne)

1. Die Linsen mit etwa der doppelten Menge Wasser ca. 20 Minuten weich kochen [bitte Hinweise auf der Packung beachten).
2. Das Gemüse waschen, schälen und in kleine Stücke schneiden. Die Gemüsestückchen etwa 10 Minuten vor Garzeitende zusammen mit etwa 50 ml Wasser den Linsen beigeben und gemeinsam weich kochen.
3. Das Gemüse und die Linsen samt Kochwasser mit dem Stabmixer fein pürieren und auf ca. 50 °C abkühlen lassen.
4. Die Instant-Getreideflocken in den Brei einrühren, ausquellen und auf Esstemperatur abkühlen lassen.
5. Unmittelbar vor dem Essen das Öl und den Saft hinzufügen bzw. das Obst mit einer Küchenreibe raspeln und unterheben.

Varianten: Möchten Sie rohe Getreideflocken, TAU-Getreide oder Grieß verwenden, müssen diese vor dem Hinzufügen noch ausreichend gekocht werden (s. Variante links)

Ab dem 9. Lebensmonat können Sie, zunächst in kleinen Mengen, auch andere ausreichend gekochte Hülsenfrüchte wie Kidneybohnen oder Kichererbsen probieren. Anstelle des Getreides können Sie gelegentlich auch eine kleine Pellkartoffel zum Gemüse geben.

MILCH-GETREIDE-BREI

100 ml Vollmilch (3,5 % Fett)
25 g Instant-Getreideflocken
2 EL Obstsaft (Apfel-, Orangensaft), vorzugsweise frisch gepresst, oder Obstpüree

1. Die Milch und 100 ml Wasser zusammen aufkochen und auf ca. 50 °C abkühlen lassen.
2. Die Instant-Getreideflocken einrühren, ausquellen und auf Esstemperatur abkühlen lassen.
3. Unmittelbar vor dem Essen Obstsaft oder -püree hinzufügen.

Varianten: Möchten Sie **Getreideflocken** oder herkömmlichen **Grieß** verwenden, kochen Sie diese mit der Flüssigkeit (Milch/Wasser oder Vollmilch) auf, und lassen Sie das Ganze ein paar Minuten ausquellen.

TIPP

Statt Obstpüree können Sie ein Stück Obst der Saison kurz mitdünsten und nach Bedarf pürieren oder mit der Gabel fein zerdrücken. **Ab der 2. Woche** wird der Milchanteil sukzessive gesteigert, der Wasseranteil entsprechend reduziert.

TIPP

Statt der Vollmilch können Sie auch vollfetten Naturjoghurt verwenden. Er bietet sich vor allem in den warmen Sommermonaten an, ist gut bekömmlich und enthält zudem Bakterienkulturen, die sich möglicherweise positiv auf die Darmgesundheit auswirken.

OBST-GETREIDE-BREI

100 g frisches Obst der Saison
10–15 g Instant-Getreideflocken, alternativ ungesüßter Zwieback oder Babykeks
1 TL Butter, Nussmus oder Pflanzenöl

1. Das Obst waschen, evtl. entkernen und in kleine Stückchen schneiden.
2. Das Obst in 50–100 ml Wasser bei kleiner Hitze 3–5 Minuten weich kochen, mit dem Stabmixer pürieren und auf ca. 50 °C abkühlen lassen.
3. Die Instant-Getreideflocken einrühren und auf Esstemperatur abkühlen lassen.
4. Unmittelbar vor dem Essen die Butter in Flöckchen, das Nussmus oder das Öl hinzufügen.

Varianten: Auch hier können Sie gekochtes **TAU-Getreide** oder **Getreideflocken** verwenden (→ Tipp S. 34). Reduzieren Sie das Garwasser für das Obst entsprechend auf ca. 30–50 ml.

TIPP

Ab dem 8. Monat kann das Obst auch roh fein gerieben oder zerdrückt gegeben werden. Dann nur das Wasser erhitzen, das Instant-Getreide einrühren und zuletzt frisches Obst und Fett hinzufügen.

JIPPIEH!
MEIN BEIKOSTSTART

AM _________ ICH BIN JETZT _________ WOCHEN ALT.

ICH HABE HEUTE ___________________ PROBIERT.

SPASSFAKTOR

GENUSSFAKTOR

KLECKERFAKTOR

WER HAT HEUTE MIT MIR GEGESSEN?

____

5. BIS 7. MONAT

Was verträgt das Baby jetzt? Zwischen dem 5. und 7. Monat ist der Beginn der Beikostgabe (→ S. 15). Hier geht es vor allem darum, ein Gefühl für Breinahrung und neue Geschmacksrichtungen zu bekommen.
Die meisten Babys essen in den ersten Beikostwochen noch nicht allzu viel , sie werden eine ganze Zeit lang noch die gewohnte Menge an Milchnahrung benötigen.. Zuerst sind es meist nur wenige Löffel, nach und nach steigert sich dann die Menge nach dem individuellen Bedürfnis. Die in den Rezepten genannten **Mengen** sind durchschnittliche Angaben für Babys ab dem 5. Monat. Oftmals ist der Appetit des Babys noch klein. Seien Sie daher nicht besorgt, wenn Ihr Kind nicht alles aufisst – lassen Sie es selbst über die Menge entscheiden, die es essen möchte.
Breireste, die übrig bleiben, können Sie gut für die übrige Familie in Hackfleisch, Gemüsesaucen oder Aufläufe einarbeiten. Gemüsebrei mit Frischkäse und frischen Kräutern, fein gewürzt, eignet sich gut als leckerer Brotaufstrich. Durch Erhöhen oder Reduzieren der Gemüse-/Obstmengen können Sie die Rezepte der Essmenge Ihres Babys anpassen.

Die Mengenangaben in den **Familienrezepten** sind in der Regel für 1 Erwachsenen, 1 Kind und 1 Babyportion berechnet. Variieren Sie nach Ihrem persönlichen Bedarf die Mengen der Zutaten.
Die **Garzeiten** richten sich nach der Größe bzw. dem Zerkleinerungsgrad der Lebensmittel. Sind die Stückchen noch zu fest, schneiden Sie sie beim nächsten Mal etwas kleiner oder verlängern Sie die Garzeit. Möchten Sie die Breikost im Dampfgarer oder in einer Küchenmaschine (Thermomix etc.) zubereiten, gelten evtl. auch andere Zeitangaben.
Die empfohlene **Wassermenge** setzt voraus, dass kein Wasserdampf beim Garen verloren geht. Erscheint Ihnen die Menge zu wenig bzw. die Breikonsistenz zu fest, ergänzen Sie mit frischem Leitungswasser.

TIPP

Den frisch gekochten Brei können Sie **2–3 Tage im Kühlschrank** aufbewahren oder überschüssige Mengen in Portionen **bis zu 6 Monate einfrieren** (→ S. 22/23).

PASTINAKENBREI

50 g Pastinake
1 TL Beikostöl

15 MINUTEN
VEGETARISCH

1. Die Pastinake waschen, schälen und in feine Scheiben schneiden.
2. Den Boden eines Topfs mit 50 ml Wasser bedecken. Die Pastinakenscheiben einfüllen und in 10 Minuten weich kochen. Mit dem Stabmixer fein pürieren.
3. Unmittelbar vor dem Essen das Öl hinzufügen.

KAROTTENBREI

50 g Karotten
1 TL Beikostöl

15 MINUTEN
VEGETARISCH

1. Die Karotte waschen, abbürsten bzw. schälen und in feine Scheiben schneiden.
2. Den Boden eines Topfs mit 50 ml Wasser bedecken, die Karottenscheiben einfüllen und in 10 Minuten weich kochen. Mit dem Stabmixer fein pürieren.
3. Unmittelbar vor dem Essen das Öl hinzufügen.

INFO

Karotten schmecken fein süßlich und kommen darum bei kleinen Schleckermäulern sehr gut an. Reagiert Ihr Baby darauf mit festerem Stuhl, ersetzen Sie einen Teil der Karotten durch anderes Gemüse bzw. etwas Trockenobst.

Pastinaken schmecken süß-würzig und sind gut verträglich. Sie enthalten reichlich Eisen und sind im Gegensatz zu Karotten nicht stopfend sowie nitratarm.

ZUCCHINIBREI

100 g Zucchini
1 TL Beikostöl

10 MINUTEN
VEGETARISCH

1. Die Zucchini waschen. Blüten- und Stielansatz entfernen und in kleine Würfel schneiden.
2. Die Würfel in einen Topf geben, ca. 30 ml Wasser hinzufügen und in 3–5 Minuten weich kochen. Mit dem Stabmixer fein pürieren.
3. Unmittelbar vor dem Essen das Öl hinzufügen.

KÜRBISBREI

50 g Hokkaidokürbis
1 TL Beikostöl

15 MINUTEN
VEGETARISCH

1. Den Kürbis waschen und abbürsten bzw. schälen und in kleine Stücke schneiden.
2. Die Stücke in einen Topf geben, ca. 50–70 ml Wasser hinzufügen und in 10 Minuten weich kochen. Mit dem Stabmixer fein pürieren.
3. Unmittelbar vor dem Essen das Öl zugeben.

INFO

Kürbis schmeckt fein-süßlich. Reagiert Ihr Baby darauf mit festerem Stuhl, ersetzen Sie die Hälfte des Kürbis durch Pastinake oder später durch andere stuhlauflockernde Gemüsesorten wie Fenchel oder Erbsen.

TIPP

Je nach Wassergehalt des Gemüses finden Sie hier unterschiedliche Flüssigkeitsangaben. Je nachdem, wie gut Ihr Kind zurechtkommt, können Sie die Flüssigkeitsmenge individuell variieren. Die ersten reinen Gemüsebreie sind in der Regel noch eher dünnflüssig, damit sich Ihr Baby an die neue Konsistenz der Nahrung gewöhnen kann, probieren Sie aus, was gut ankommt.

ERBSEN-HAFER-BREI

100 g Erbsen, frisch oder tiefgekühlt
15 g Instant-Haferflocken
2 TL Beikostöl
1–2 EL Obstsaft (Apfel-, Orangensaft), vorzugsweise frisch gepresst

15 MINUTEN
REICH AN EISEN
VEGETARISCH

1. Die Erbsen in 100 ml Wasser 10 Minuten bei mittlerer Hitze weich kochen.
2. Mit dem Stabmixer fein pürieren und auf 50 °C abkühlen lassen. Die Instant-Haferflocken einrühren und ausquellen lassen.
3. Unmittelbar vor dem Essen das Öl und den Saft hinzufügen.

Variante: Möchten Sie **Getreideflocken oder Hafer-TAU** verwenden, kochen Sie diese mit der benötigten Flüssigkeit separat auf und lassen Sie sie ein paar Minuten ausquellen. Reduzieren Sie das Garwasser bei den Erbsen entsprechend auf ca. 50 ml.

TIPP

Bei älteren Kindern **ab 8 Monaten** können Sie anstelle des Obstsafts einen Schnitz **frisches Obst** mit dem Gemüse pürieren.

BROKKOLI-PASTINAKEN-KARTOFFEL-BREI

1 kleine Kartoffel (ca. 50 g)
50 g Brokkoli
50 g Pastinake
2 TL Beikostöl
1–2 EL Obstsaft (Apfel-, Orangensaft), vorzugsweise frisch gepresst

25 MINUTEN
VEGETARISCH

1. Die Kartoffel mit Wasser bedeckt in ca. 15 Minuten (Garzeit nach Sorte und Größe) gar kochen.
2. Den Brokkoli und die Pastinake unter kaltem Wasser kurz abbrausen und trocken tupfen. Die Pastinake evtl. schälen, klein würfeln, die Brokkoliröschen vom Strunk befreien und mit 30 ml Wasser in einem kleinen Topf zum Kochen bringen. Bei schwacher Hitze 10–15 Minuten weich garen. Mit dem Stabmixer fein pürieren.
3. Die Kartoffel schälen, mit einer Gabel zerdrücken und zum Brokkoli-Pastinaken-Brei geben.
4. Unmittelbar vor dem Essen das Öl und den Saft zugeben.

INFO

Entgegen der verbreiteten Meinung schmeckt **Brokkoli** vielen Babys und Kindern sehr gut. Zusammen mit der Pastinake liefert er viele **wachstumsfördernde Nährstoffe.** Ergänzen Sie den Brei immer mal wieder um ein ausreichend gekochtes Eigelb.

ZUCCHINI-SPINAT-HIRSE-BREI MIT BIRNE

50 g Zucchini
25 g Birne
30 g frischer Blattspinat
20 g Instant-Hirseflocken
2 TL Beikostöl
1–2 EL Obstsaft (Apfel-, Orangensaft), vorzugsweise frisch gepresst

15 MINUTEN
REICH AN EISEN
VEGETARISCH

1. Die Zucchini waschen und Blüten sowie Stielansatz entfernen. Die Birne waschen, den Stiel und das Kerngehäuse entfernen und alles in kleine Würfel schneiden.
2. Den Blattspinat unter fließendem kaltem Wasser waschen und trocken tupfen. Die Blätter von den Stängeln zupfen.
3. Zucchini, Birne und Spinat mit 100 ml Wasser in einem kleinen Topf zum Kochen bringen und bei kleiner Hitze in 5–7 Minuten weich garen. Mit dem Stabmixer fein pürieren und auf 50 °C abkühlen lassen. Anschließend die Instant-Hirseflocken einrühren und ausquellen lassen.
4. Unmittelbar vor dem Essen das Öl und den Saft zugeben.

Variante: Möchten Sie **Getreideflocken oder Hirsekörner** verwenden, kochen Sie diese mit der benötigten Flüssigkeit separat auf und lassen Sie sie ein paar Minuten ausquellen. Reduzieren Sie das Garwasser beim Gemüse entsprechend auf ca. 30–50 ml.

TIPP

Bei älteren Kindern **ab 8 Monaten** können Sie anstelle des Obstsafts einen Schnitz **frische Birne** mit dem Gemüse pürieren.

INFO

Nutzen Sie für Ihr Baby die **Spinatsaison** von April bis Juli. Das zart schmeckende Gemüse enthält sonnengereift und frisch geerntet am wenigsten **Nitrat.** Alternativ können Sie jederzeit zu Tiefkühlware greifen.

KARTOFFEL-EI-ERBSEN-BREI

1 kleine Kartoffel (ca. 50 g)
100 g Erbsen (frisch oder TK)
1 Eigelb
2 TL Beikostöl
1–2 EL Obstsaft (Apfel-, Orangensaft), vorzugsweise frisch gepresst

25 MINUTEN
VEGETARISCH

1. Die Kartoffel mit Wasser bedeckt in ca. 15 Minuten (Garzeit nach Sorte und Größe) gar kochen.
2. Die Erbsen zusammen mit dem Eigelb in 100 ml Wasser 10 Minuten bei mittlerer Hitze weich kochen. Mit dem Stabmixer fein pürieren.
3. Die Kartoffel pellen, mit einer Gabel zerdrücken und zum Erbsenbrei geben.
4. Unmittelbar vor dem Essen das Öl und den Saft zugeben.

MAISGRIESS-LINSEN-AUBERGINEN-ZUCCHINI-BREI

1–2 EL rote oder gelbe Linsen
15–20 g Maisgrieß (Polenta)
50 g Aubergine
50 g Zucchini
2 TL Beikostöl
1–2 EL Obstsaft (Apfel-, Orangensaft), vorzugsweise frisch gepresst

30 MINUTEN
VEGETARISCH

1. Die Linsen mit etwa der doppelten Menge Wasser ca. 20 Minuten weich kochen (bitte Hinweise auf der Packung beachten).
2. Den Maisgrieß mit der doppelten Menge Wasser unter Rühren kurz aufkochen lassen und bedeckt 15 Minuten quellen lassen.
3. Die Aubergine und die Zucchini waschen, evtl. schälen und in kleine Stücke schneiden. Etwa 10 Minuten vor Garzeitende zusammen mit etwa 50 ml Wasser zu den Linsen geben und mitgaren.
4. Gemüse, Linsen und Kochwasser mit dem Stabmixer fein pürieren. Den gegarten Maisgrieß hinzufügen.
5. Unmittelbar vor dem Essen das Öl und den Saft zugeben.

SÜSSKARTOFFEL-MAIS-COUSCOUS-BREI

20 g (2 EL) Couscous aus Hartweizen
50 g Süßkartoffel
50 g TK-Zuckermais (alternativ die eisenhaltigeren TK-Gartenerbsen)
2 TL Öl Beikostöl
1–2 EL Obstsaft (Apfel- oder Orangensaft), vorzugsweise frisch gepresst

20 MINUTEN
VEGETARISCH

1. Den Couscous mit 50 ml kochendem Wasser übergießen und zugedeckt gar ziehen lassen.
2. Die Süßkartoffel waschen, schälen und in kleine Würfel schneiden. Den gefrorenen Zuckermais mit den Süßkartoffelstückchen in 50 ml Wasser aufkochen und bei niedriger Hitze 10–15 Minuten weich garen. Mit dem Stabmixer fein pürieren.
3. Den gegarten Couscous hinzufügen und den Brei auf Esstemperatur abkühlen lassen.
5. Unmittelbar vor dem Essen das Öl und den Saft zugeben.

TIPP

Wer Wert auf eine Extraportion Eisen legt, kann den Couscous durch dieselbe Menge Hirse ersetzen. Dafür die Hirse gründlich heiß waschen und in 50 ml Wasser aufkochen lassen, 10–15 Minuten bei kleiner Hitze garen. Dabei öfter umrühren. Anschließend vom Herd nehmen und 20–30 Minuten ausquellen lassen.

ZUCCHINI-REIS-KALBFLEISCH-BREI

20 g (2 EL) Naturreis
100 g Zucchini
30 g mageres Kalbsschnitzel
2 TL Beikostöl
1–2 EL Obstsaft (Apfel-, Orangensaft), vorzugsweise frisch gepresst

35 MINUTEN
REICH AN EISEN

1. Den Reis in 50 ml ungesalzenem Wasser 30 Minuten gar kochen.
2. Die Zucchini waschen, den Blüten- und den Stielansatz entfernen und in kleine Würfel schneiden.
3. Das Kalbfleisch unter kaltem Wasser abbrausen, trocken tupfen, in kleine Stücke schneiden und zusammen mit den Zucchiniwürfeln in 30 ml Wasser 10 Minuten weich garen.
4. Den Reis, die Zucchiniwürfel und das Fleisch mit dem Stabmixer fein pürieren.
5. Vor dem Essen das Öl und den Saft zugeben.

Varianten: Möchten Sie wegen der langen Garzeit auf Naturreis verzichten, können Sie anstelle der ganzen Körner einfach **Instant-Reisflocken/-mehl** verwenden. Rühren Sie diese unter den ca. 50 °C warmen Gemüse-Fleisch-Brei und fügen Sie zusätzlich 75 ml abgekochtes Wasser zum Ausquellen hinzu.
Wer möchte, ersetzt das Fleisch durch 1–2 EL rote Linsen und kocht diese direkt mit dem Reis zusammen weich.

TIPP

Ab dem 9. Monat freut sich Ihr Baby über etwas **mehr Konsistenz** und unpürierte Stückchen im Brei.

INFO

Beim **Naturreis** sind noch alle wertvollen Inhaltsstoffe **in der Schale** enthalten.

KÜRBIS-NUDEL-PUTEN-BREI

20 g Hartweizennudeln
70–100 g Hokkaido-kürbis
30 g mageres Putenfleisch
2 TL Beikostöl
1–2 EL Obstsaft (Apfel-, Orangensaft), vorzugsweise frisch gepresst

20 MINUTEN

1. Die Nudeln in ausreichend ungesalzenem Wasser kochen (am besten für die ganze Familie Nudeln kochen und für das Baby 2 EL weich gekochte Nudeln abzweigen).
2. Den Kürbis schälen und Kerne sowie Faserteile entfernen. In kleine Würfel schneiden. (Ab dem 8. Monat können Sie die Schale durchaus auch dranlassen.)
3. Das Putenfleisch waschen und trocken tupfen. In kleine Würfel schneiden und zusammen mit dem Kürbis in 30 ml Wasser 10 Minuten bei mittlerer Hitze garen. Zusammen mit den Nudeln mit dem Stabmixer fein pürieren.
4. Unmittelbar vor dem Essen das Öl und den Saft hinzufügen.

Ab dem 9. Monat können Sie Ihrem Kind die **Nudeln separat** zum Kauen geben.

TIPP

BLUMENKOHL-KARTOFFEL-BREI

BLUMENKOHL-KARTOFFEL-PLÄTZCHEN MIT JOGHURTDIP

FAMILIENESSEN

400 g Kartoffeln
300 g Blumenkohl
2 TL Beikostöl
1–2 EL Obstsaft (Apfel-, Orangensaft), vorzugsweise frisch gepresst
1 Ei
1 TL Kräutersalz
25 g Mehl
2 EL Olivenöl
50 g Naturjoghurt
50 g Kräuterfrischkäse
50 ml Vollmilch
3 EL gehackte Kräuter (Petersilie, Dill, Kerbel)
2 Prisen Zucker
1 Prise Salz
1 Spritzer Zitrone oder Limette

60 MINUTEN
VEGETARISCH
FINGERFOOD

1. Die Kartoffeln waschen und im Ganzen in einem Topf mit Wasser ca. 25 Minuten weich garen.
2. Den Blumenkohl waschen, in Röschen teilen und in einem Topf mit 100 ml Wasser 10–15 Minuten garen.
3. Die Kartoffeln abgießen, pellen und durch eine Kartoffelpresse drücken bzw. mit einem Kartoffelstampfer zerdrücken.
4. **Für den Babybrei 100 g Blumenkohl und 50 ml Kochwasser mit dem Stabmixer fein pürieren. 50 g Kartoffelstampf unterrühren. Vor dem Essen das Öl und den Saft zugeben.**
5. Die Blumenkohlröschen fein zerteilen und unter die Kartoffelmasse mischen. Etwas abkühlen lassen.
6. Das Ei, das Kräutersalz und das Mehl unter die Kartoffel-Blumenkohl-Masse geben und alles zu einem gleichmäßigen Teig kneten.
7. Das Olivenöl in einer Pfanne erhitzen. Aus dem Teig gleich große Plätzchen von ca. 4 cm Durchmesser formen und in dem Öl von beiden Seiten je 5 Minuten braten.
8. Für den Dip den Joghurt mit dem Frischkäse, der Milch, den Kräutern, dem Zucker, dem Salz und dem Zitronensaft verrühren und zu den Blumenkohl-Kartoffel-Plätzchen reichen.

TIPP
Ein feiner und bekömmlicher Brei. Als Fingerfood sollten Sie **ab dem 8. Monat** ein paar Blumenkohlröschen zur Seite nehmen. Die Plätzchen dürfen kleine Beikostesser **ab dem 10. Monat** probieren.

SPINAT-BUCHWEIZEN-BREI

ÜBERBACKENE SPINAT-BUCHWEIZEN-PFANNKUCHEN

FAMILIENESSEN

75 g Buchweizen
300 g frischer Blattspinat, alternativ tiefgekühlt
1 Ei
1 Prise Salz
75 ml Vollmilch (3,5 % Fett)
40 g Dinkelmehl (Type 1050)
20 g Buchweizenmehl
60 ml Mineralwasser mit Kohlensäure
Öl zum Backen
2 TL Beikostöl
1–2 EL Obstsaft (Apfel-, Orangensaft), vorzugsweise frisch gepresst
50 g Crème fraîche
2 EL Tomatenmark
100 g Mozzarella
50 g Käse (Gouda, Edamer, Emmentaler), gerieben
2 TL frisches Basilikum, fein gehackt

30 MINUTEN
VEGETARISCH
FINGERFOOD

1. Den Buchweizen mit 200 ml Wasser zum Kochen bringen und bei niedriger Temperatur ca. 20–25 Minuten köcheln lassen.
2. Die Blätter des Spinats von den Stängeln zupfen und 10 Minuten vor Garzeitende zu dem Buchweizen geben. Bei Verwendung von Tiefkühlspinat 5 Minuten länger garen.
3. Für die Pfannkuchen das Ei aufschlagen und mit einem Schneebesen mit dem Salz verrühren. Die Milch schluckweise unter Rühren dazugeben. Das Dinkel- und Buchweizenmehl dazusieben und unterrühren. Dann das Mineralwasser mit einem Schneebesen zügig unterrühren.
4. Eine Pfanne mit etwas Öl auspinseln und erhitzen.
5. Eine Kelle Teig in die Pfanne geben, bei mittlerer Hitze Pfannkuchen ausbacken, dabei einmal wenden. Mit dem restlichen Teig ebenso verfahren, gelegentlich etwas Öl in die Pfanne geben. Die Menge ergibt zwei große und zwei kleine Pfannkuchen.
6. **Für das Baby von der Spinat-Buchweizen-Mischung 200 g beiseitenehmen und mit dem Stabmixer fein pürieren. Vor dem Essen das Öl und den Saft zugeben.**
7. Die restliche Spinat-Buchweizen-Mischung mit der Crème fraîche, dem Tomatenmark, dem Mozzarella und Salz und Pfeffer abschmecken.
8. Die Pfannkuchen mit der Mischung gleichmäßig bestreichen, aufrollen und in eine gefettete Auflaufform legen.
9. Mit dem geriebenen Käse bestreuen und bei 150 °C Oberhitze 5 Minuten überbacken, bis der Käse geschmolzen ist.
10. Die Pfannkuchen vor dem Verzehr nach Belieben mit frischem Basilikum bestreuen.

TIPP

Babys **ab dem 8. bis 9. Lebensmonat** können einen kleinen, eingerollten Pfannkuchen schon selbser aus der Hand essen. Auch mit süßem Aufstrich, Kompott oder Fruchtsauce als Frühstück oder Snack zwischendurch!

GEMÜSE-HIRSE-RINDFLEISCH-BREI

GEFÜLLTE WIRSINGRÖLLCHEN

FAMILIENESSEN

1 Kopf Wirsing (ca. 400–500 g)
150 g Karotten
100 g Hirse (für Vegetarier 200 g)
250 g Rinderhackfleisch
2 EL Olivenöl
2 TL Beikostöl
1–2 EL Obstsaft (Apfel-, Orangensaft), vorzugsweise frisch gepresst
50 g Käse, gerieben
Salz und Pfeffer
Paprikapulver, edelsüß
Küchengarn, Silikongummis oder Rouladennadeln
200 ml Tomatensoße
2 TL italienische Kräuter

60 MINUTEN
REICH AN EISEN

Vegetarisch ernährte Babys können gut auf das Fleisch verzichten, ist doch die Hirse ein hervorragender **Eisenlieferant.**

INFO

1. Den Wirsing waschen und die äußeren 10 Blätter im Ganzen abzupfen. Die Wirsingblätter 5 Minuten in kochendem Wasser blanchieren, kalt abschrecken, abtropfen.
2. Vom restlichen Wirsing den Strunk entfernen und in kleine Streifen schneiden. Die Karotten schälen und auf einer Küchenreibe fein raspeln.
3. Hirse gründlich heiß waschen, dann Wirsingstreifen und Karottenraspeln in 350 ml Wasser 15 Minuten köcheln lassen.
4. Das Hackfleisch in Olivenöl rundherum 10 Minuten anbraten.
5. **Für das Baby von dem Hirse-Gemüse-Brei ca. 170 g und von dem Hackfleisch ca. 30 g beiseitenehmen und warm stellen. Vor dem Essen fein pürieren und Öl und Saft zugeben.**
6. Die restliche Hirse-Gemüse-Masse mit dem Hackfleisch und dem Käse vermengen und mit Salz, Pfeffer und Paprikapulver abschmecken.
7. 6 Wirsingblätter flach auslegen, sodass insgesamt 6 Blätter gefüllt werden können (die übrigen sind zum Flicken da). Die Füllung gleichmäßig auf die Blätter verteilen, die Blätter dann aufrollen, von der Seite einklappen und fixieren.
8. Die Tomatensoße mit den Kräutern in einem Topf erhitzen, die Wirsingröllchen hineingeben und bei mittlerer Hitze und geschlossenem Deckel ca. 15 Minuten garen.
9. Die Wirsingröllchen mit der Tomatensoße servieren.

Variante: Die feinen Wirsingröllchen schmecken **mit unterschiedlichen Füllungen.** Wer es lieber vegetarisch mag, ersetzt einfach das Hackfleisch durch mehr Hirse oder Hülsenfrüchte. Für den großen Hunger schmecken ein paar Nudeln als Beilage gut.

KAROTTEN-KARTOFFEL-KALBFLEISCH-BREI

FAMILIENESSEN

KALBSTAFELSPITZ MIT KARTOFFELPÜREE UND KAROTTENGEMÜSE

250 g magerer Kalbstafelspitz
Suppengemüse (z. B. 1 Karotte, Zwiebel, Lauch, Petersilie)
400 g Kartoffeln, mehlig kochend
300 g Karotten
1 EL Butter
Salz und Pfeffer oder Instant-Gemüsebrühe
1-2 EL Mehl zum Binden
50 ml Sahne
Meerrettich
2 TL Beikostöl
1–2 EL Obstsaft (Apfel-, Orangensaft), vorzugsweise frisch gepresst
50 ml heiße Milch

90 MINUTEN
REICH AN EISEN

1. So viel Wasser, dass das Fleisch später ganz bedeckt ist (ca. 500 ml), in einem Topf mit dem zugeputzten Suppengemüse zum Kochen bringen. Den Tafelspitz ins kochende Wasser legen und ca. 1 Stunde auf niedriger Stufe leicht simmern lassen.
2. Die Kartoffeln waschen und in ausreichend Wasser ca. 25 Minuten weich kochen.
3. Die Karotten schälen, in Scheiben schneiden und in der Butter und ca. 30 ml Wasser 10 Minuten weich garen.
4. **Für das Baby 30 g durchgegartes Fleisch und ca. 50 ml Fleischbrühe mit 100 g gedünsteten Karotten mit dem Stabmixer fein pürieren.**
5. Für die Soße die restliche Suppe mit Salz und Pfeffer oder löslicher Gemüsebrühe würzen. Etwas Mehl zum Binden, Sahne und nach Belieben Meerrettich zugeben und einmal unter Rühren aufkochen lassen.
6. Die gekochten Kartoffeln schälen und durch eine Kartoffelpresse drücken bzw. zerstampfen.
7. **Von dem Kartoffelpüree 50 g zum Babybrei hinzufügen. Vor dem Essen noch das Öl und den Saft zugeben.**
8. Das restliche Kartoffelpüree mit der Milch cremig rühren, würzen und zusammen mit den Butterkarotten zum Tafelspitz reichen.

ZUCCHINI-SÜSSKARTOFFEL-LACHS-BREI

SÜSSKARTOFFEL-LACHS-AUFLAUF

FAMILIENESSEN

200 g tiefgekühltes Lachsfilet
1/2 TL Zitronensaft
500 g Süßkartoffeln
150 g Zucchini
1 EL Butter für die Auflaufform
200 g Käse, gerieben
2 TL Beikostöl
1–2 EL Obstsaft (Apfel-, Orangensaft), vorzugsweise frisch gepresst
Salz und Pfeffer
1 TL Petersilie, fein gehackt

45 MINUTEN

1. Das Lachsfilet auftauen lassen, abwaschen und trocken tupfen.
2. Den Backofen auf 190 °C vorheizen.
3. Die Süßkartoffeln schälen, leicht vorkochen und vierteln. Die Zucchini waschen, die Blüten- und Stielansätze entfernen und mundgerecht schneiden.
4. Den Fisch mit dem Zitronensaft einreiben und in mundgerechte Stücke schneiden.
5. Die Süßkartoffeln, die Zucchini und den Fisch in eine gefettete Auflaufform geben, 100 ml Wasser angießen und den Käse darüberstreuen. **Für das Babygericht ca. 1/5 der Masse nicht mit Käse bestreuen.**
6. Den Auflauf ca. 30 Minuten im Ofen backen.
7. **Für den Babybrei ca. 200 g Süßkartoffel-Zucchini-Fisch zur Seite nehmen, mit einem Stabmixer fein pürieren und vor dem Essen das Öl und den Saft zugeben.**
8. Den restlichen Auflauf vor dem Verzehr mit Salz und Pfeffer abschmecken. Die Petersilie darüberstreuen.

Variante: Die Zucchini können Sie außerhalb der Saison durch **Karotten oder Hokkaidokürbis** ersetzen.

TIPP

Ab dem 8. bis 9. Monat können Sie evtl. schon auf das Pürieren verzichten und den Brei nur mit der Gabel **grob zerdrücken.** Babys ab dem 10. Lebensmonat naschen gerne auch schon etwas **Auflauf** mit!

Süßkartoffeln eignen sich hervorragend für den milden Babybrei. Der Lachs, bevorzugt aus biologischer Aquakultur, liefert **wertvolle Omega-3-Fettsäuren** und **Vitamin D** für ein gesundes Knochenwachstum.

INFO

OBSTBREI

Reine Obstbreie eignen sich als Grundlage für den **Obst-Getreide-Brei** oder als Zugabe zum **Milch-Getreide-Brei** (→ S. 68 f.). Süßen Schleckermäulchen können Sie mit 1–2 EL Obstmus auch den Gemüsebrei schmackhafter machen.
Die Rezeptangaben sind für **1 Portion.** Sie können aber auf Vorrat kochen und das restliche Mus 2–3 Tage im Kühlschrank aufbewahren bzw. bis zu 6 Monate einfrieren (→ S. 22).

Der Obst-Getreide-Brei ist die **Zwischenmahlzeit am Nachmittag**. Das Obst liefert wertvolle Vitamine und Mineralstoffe, die Ihr Kind für eine gesunde Entwicklung benötigt. Angereichert wird es mit sättigendem Getreide und Fett in Form von Butter, Nussmus oder Öl.

Möchten Sie mit der Einführung des Milch-Getreide-Breis noch warten, können Sie den Obst-Getreide-Brei als **zweite Beikostmahlzeit** geben. Ebenso kann dieser als **Abendbrei** mit dem Milchbrei ausgetauscht werden.

APFELMUS / BIRNENMUS

100 g Apfel (milde Sorte) oder Birne (reife Frucht)

10 MINUTEN
VEGETARISCH

1. Den Apfel/die Birne waschen, schälen, das Kerngehäuse entfernen und in kleine Stücke schneiden.
2. In 30 ml Wasser 5 Minuten weich kochen.
3. Mit dem Stabmixer pürieren bzw. mit einer Gabel fein zerdrücken.

Apfelmus wirkt leicht stuhlauflockernd und ist bei Jung und Alt sehr beliebt. Bevorzugen Sie **milde und heimische Sorten** wie Jonagold, Elstar oder reifen Boskop.

INFO

BROMBEER-BANANEN-MUS

100 g Brombeeren
1/2 Banane

1. Die Brombeeren putzen und waschen, anschließend in 30 ml Wasser 5–7 Minuten weich kochen.
2. Die Banane schälen und in Stückchen zu den Brombeeren geben.
3. Anschließend alles mit dem Stabmixer fein pürieren.

15 MINUTEN
REICH AN EISEN
VEGETARISCH

TIPP

Ab dem 8. Monat können Sie auf das Kochen der Beeren verzichten und das Obst **roh** pürieren oder mit der Gabel fein zerdrücken.

INFO

Brombeeren enthalten viel Eisen und machen diesen Brei deshalb wertvoll für die vegetarische Beikost.

APRIKOSEN-PFIRSICH-MUS

50 g Aprikosen
50 g Pfirsich

1. Die Aprikosen und den Pfirsich waschen, entkernen und in kleine Stücke schneiden.
2. Anschließend in 30 ml Wasser 5–7 Minuten weich kochen.
3. Alles mit dem Stabmixer fein pürieren.

15 MINUTEN
REICH AN EISEN
VEGETARISCH

INFO

Ein Sommertraum, den Sie währen der Saison unbedingt ausprobieren sollten. Die Früchte wirken leicht **stuhlauflockernd** und sind somit für Babys mit Verstopfungsneigung besonders gut geeignet.

TIPP

Ab dem 8. Monat können Sie das Obst roh pürieren oder mit der Gabel fein zerdrücken.

APFEL-BANANEN-ZWIEBACK-BREI

50 g Apfel
1–2 Stück ungesüßter Zwieback
50 g Banane
1 TL Butter, Nussmus oder Beikostöl

1. Den Apfel schälen, das Kerngehäuse entfernen, in kleine Würfel schneiden und in 50 ml Wasser in 5 Minuten weich kochen.
2. Den Zwieback dazubröseln und aufweichen lassen.
3. Die Banane in Stückchen dazugeben und das Ganze mit dem Stabmixer pürieren.
4. Zuletzt die Butter in Flöckchen, das Nussmus oder das Öl unterrühren.

10 MINUTEN
VEGETARISCH

Variante: Ab dem **8. Monat** kann der Brei mit **roh fein geriebenem Apfel** zubereitet werden. Dann den Zwieback in 50 ml heißem Wasser einweichen, mit der Banane zerdrücken und den Apfel dazureiben. Zuletzt die Butter in Flöckchen oder das Nussmus oder das Öl unterrühren.

Ein **gut sättigender** Brei, der auch gerne als milchfreier Abendbrei genossen wird.

INFO

APRIKOSEN-HIRSE-HAFER-BREI

SÜSSER APRIKOSEN-HAFER-AUFLAUF

FAMILIENESSEN

50 g Hirse
250 ml Hafermilch
50 g Haferflocken
300 g reife Aprikosen
1 TL Butter
oder Nussmus
3 Eier
1 Prise Salz
50 g Rohrzucker
Butter für die Form
Zimt und Zucker

15 MINUTEN
REICH AN EISEN
VEGETARISCH
FINGERFOOD

1. Die Hirse im Sieb gründlich heiß waschen und mit der Hafermilch in einem Topf zum Kochen bringen. 5 Minuten leicht köcheln lassen, danach die Haferflocken unterrühren und alles auf der ausgeschalteten Herdplatte 20 Minuten quellen lassen.
2. Die Aprikosen waschen, entkernen, würfeln, unter die Hirse-Haferflocken-Masse mischen. 10 Minuten mitziehen lassen.
3. **Für den Babybrei 200 g Hirse-Haferflocken-Aprikosen-Masse beiseitestellen, vor dem Verzehr die Butter oder das Nussmus unterrühren und alles mit dem Stabmixer fein pürieren.**
4. Den Backofen auf 200 °C vorheizen.
5. Die Eier trennen, das Eiweiß mit dem Salz steif schlagen.
6. Die Eigelbe mit dem Zucker schaumig schlagen, die Hirse-Haferflocken-Aprikosen-Masse unterrühren. Zuletzt den Eischnee locker unterheben.
7. Die Masse in eine gefettete Auflaufform füllen und im Backofen ca. 30 Minuten backen.
8. Vor dem Servieren nach Belieben mit Zimt und Zucker bestreuen.

TIPP

Dieser Auflauf schmeckt sowohl als Kuchenersatz am Nachmittag als auch als warme Hauptmahlzeit. Bei Babys **ab dem 8. Monat** können Sie auf den Stabmixer verzichten und den Brei **mit der Gabel zerdrücken.** Kleine **ab dem 10. Monat** naschen schon gerne ein wenig vom **Auflauf.**

Aprikosen, Hirse und Hafer sind besonders reich an wichtigem **Eisen.** Empfehlenswert vor allem für vegetarische Beikostkinder! Wer möchte, kann zur Verbesserung der Eisenaufnahme noch ein wenig roh püriertes Obst oder 1–2 EL Vitamin-C-reichen Saft zufügen.

INFO

MIRABELLEN-HAFERMILCH-DINKEL-BREI

FAMILIENESSEN

HAFERMILCH-GRIESS-BREI MIT MIRABELLENMUS

300 g Mirabellen
200 ml Hafermilch
50 ml Aprikosensaft
40 g Dinkelgrieß
1 TL Butter oder Nussmus
2 EL Rohrzucker
1 Prise Bourbonvanille

15 MINUTEN
VEGETARISCH

1. Die Mirabellen waschen, entsteinen und mit 100 ml Wasser in einem Topf ca. 10 Minuten weich garen.
2. Mit einem Stabmixer fein pürieren und auf Verzehrtemperatur abkühlen lassen.
3. Die Milch und den Aprikosensaft in einem Topf zum Kochen bringen.
4. Den Topf vom Herd nehmen und den Dinkelgrieß unter ständigem Rühren einrieseln lassen. Nochmals unter Rühren aufkochen lassen.
5. **Für den Babybrei 200 g Grießbrei zur Seite nehmen, 1 TL Butter oder Nussmus und 50 g Mirabellenmus unterrühren und auf Esstemperatur abkühlen lassen.**
6. In den restlichen Grießbrei den Zucker und die Vanille einrühren. Den Brei in zwei hitzebeständige Schälchen gießen und mit dem Mirabellenmus servieren.

INFO

Nutzen Sie die Mirabellenzeit ab Ende August für diesen köstlichen Spätsommertraum! Der Brei kann auch mit **Reismilch** oder als Milch-Getreide-Brei mit **Kuhmilch** anstelle der Hafermilch zubereitet werden.

FAMILIENESSEN

APFEL-DINKEL-BREI

APPLE CRUMBLE

750 g mürbe Äpfel (z. B. Boskop)
100 g Dinkelflocken
50 g Haselnüsse, gemahlen (oder gemahlene Mandeln)
1 TL Butter oder Nussmus
50 g Mehl
3 EL Zucker
1/4 TL Ceylon-Zimt
50 g Butter

1. Die Äpfel schälen, entkernen und klein schneiden.
2. **Für den Babybrei 100 g Apfelstücke, 2 EL Dinkelflocken und nach Belieben 1 TL Haselnüsse in einen Topf mit 100 ml Wasser geben, ca. 5 Minuten weich kochen. Mit dem Stabmixer fein pürieren, auf Esstemperatur abkühlen lassen. Vor dem Verzehr 1 TL Butter oder Nussmus in den warmen Brei einrühren.**
3. Den Backofen auf 180 °C vorheizen.
4. Die restlichen Apfelstücke in eine Auflaufform geben.
5. Die übrigen Dinkelflocken, die Nüsse, das Mehl, Zucker, Zimt und die Butter rasch zu einem krümeligen Teig verkneten und die Krümel auf den Äpfeln verteilen.
6. Im Backofen ca. 25 Minuten backen.

40 MINUTEN
VEGETARISCH
FINGERFOOD

Variante: Apple Crumble schmeckt warm und kalt zu jeder Jahres- und Tageszeit, am besten mit etwas Vanilleeis oder Vanillesoße. Variieren Sie nach Belieben das Obst, köstlich sind auch **Zwetschgen oder Mirabellen.**

Von dem **Crumble** dürfen Babys **ab dem 10. Monat** ein wenig naschen, sofern sie die harten Krümel schon im Mund zerdrücken können.

TIPP

BIRNENMILCHREIS

25 g rundkörniger Naturreis
200 ml Vollmilch (3,5 % Fett)
50 g reife Birne

10 MINUTEN
VEGETARISCH

1. Den Naturreis gründlich waschen, mit der Vollmilch aufkochen und ca. 30 Minuten bei niedriger Hitze köcheln lassen. Dabei öfter umrühren, damit der Reis am Topfboden nicht ansetzt.
2. Die Birne waschen, schälen, das Kerngehäuse entfernen und das Fruchtfleisch in Würfel schneiden. Zum Milchreis geben. Alles zusammen weitere 10 Minuten köcheln lassen.
3. Mit dem Stabmixer pürieren, auf Esstemperatur abkühlen lassen.

TIPP

Ab dem **8. Lebensmonat** können Sie die Birne roh gerieben in den Brei geben. Ab dem **9. Lebensmonat** freut sich Ihr Baby über ein paar **ganze Reiskörner.**

Varianten: Ist Ihnen die Kochdauer des Naturreises zu lange, ersetzen Sie ihn durch 4–5 EL Instant-**Reispulver/-mehl.** Der Birnenmilchreis ist ein köstlicher Nachtisch für die „Großen" der Familie. Es lohnt sich, eine größere Menge zuzubereiten.

MILCH-DINKEL-APFEL-BREI

200 ml Vollmilch (3,5 % Fett)
25 g (Instant-)Dinkel-Vollkorngrießpulver
2 EL Apfelmus (→ S. 88)

10 MINUTEN
VEGETARISCH

1. Die Milch auf ca. 50 °C erhitzen. Das Dinkelpulver einrühren, ausquellen und auf Esstemperatur abkühlen lassen.
2. Das Apfelmus hinzufügen.

Variante: Ein gut verträglicher Milchbrei **für jeden Tag.** Möchten Sie **herkömmlichen Grieß** oder **Dinkel-TAU** verwenden, kochen Sie diesen mit der Milch auf und lassen Sie das Ganze ein paar Minuten ausquellen.

MILCH-NEKTARINE-AMARANTH-REIS-BREI

FAMILIENESSEN

ENERGIEKUGELN, NICHT NUR FÜR STILLENDE MAMAS

250 g rundkörniger Naturreis
500 ml Vollmilch
4 Trockenaprikosen, ungeschwefelt
200 g Nektarinen
100 g Amaranth, gepufft
100 g Kokosraspeln
50 g Honig
100 g Butter
1 Msp. Bourbonvanillepulver

45 MINUTEN
VEGETARISCH
FINGERFOOD

1. Den Naturreis gründlich waschen, mit der Milch aufkochen und ca. 30 Minuten bei niedriger Hitze köcheln lassen. Dabei öfter umrühren.
2. Die Trockenaprikosen klein schneiden. Die Nektarinen waschen, entkernen und ebenfalls klein schneiden.
3. 10 Minuten vor Garzeitende die Aprikosen- und Nektarinenstücke unter den Milchreis rühren. Den Amaranth ebenfalls einrühren und 5 Minuten quellen lassen.
4. **Für den Babybrei 200 g Brei beiseitestellen, mit dem Stabmixer fein pürieren und auf Esstemperatur abkühlen lassen.**
5. Den restlichen Brei abkühlen lassen. Dann mit 75 g Kokosraspeln, dem Honig, der Butter und dem Vanillepulver zu einer homogenen Masse kneten. Daraus ca. 12 Bällchen formen und diese in den übrigen Kokosraspeln wälzen.
6. Im Kühlschrank aufbewahren, pro Tag 2–3 der Energiekugeln verzehren.

Variante: Den Amaranth können Sie durch zartblättrige **Haferflocken** ersetzen. Diese geben Sie mit den Fruchtstücken zum Milchreis.

TIPP

Honig ist für Babys im 1. Lebensjahr ungeeignet, da er eine mögliche Gefahr für eine Ansteckung mit Clostridium-botulinum-Keimen darstellt. Möchten Sie die Bällchen Ihrem Baby als Fingerfood anbieten, lassen Sie die Kokosraspeln weg und ersetzen Sie den Honig durch Reissirup (50 g Honig = 30 g Reissirup).

INFO

Getrocknete Aprikosen fördern die **Verdauung** und liefern eine Menge wertvoller **Vitamine und Mineralstoffe.** Die **Energiekugeln** versorgen die stillende Mama mit wichtigen Nährstoffen und sind für alle Familienmitglieder ein feiner Genuss für zwischendurch. Im Kühlschrank gelagert sind sie 5 Tage haltbar.

MILCH-ZWETSCHGEN-DINKEL-BREI

FAMILIENESSEN

BUCHWEIZENMEHL-DINKELFLOCKEN-BLINIS MIT ZWETSCHGENMUS

15 g Hefe, frisch
1 TL Zucker
500 ml Vollmilch
100 g Dinkelflocken
300 g Zwetschgen
100 g Buchweizenmehl
150 g Dinkelmehl (Type 1050)
50 g Sauerrahm oder Naturjoghurt
1 Ei
1 Prise Salz
1 EL Butterschmalz
3 EL Zimtzucker

60 MINUTEN
VEGETARISCH
FINGERFOOD

1. Für die Blinis die Hefe mit dem Zucker in 250 ml lauwarmer Milch auflösen und abgedeckt an einem warmen Ort 15 Minuten gehen lassen.
2. Die Dinkelflocken mit 250 ml Milch in einem Topf 5 Minuten weich köcheln. Anschließend abkühlen lassen.
3. Die Zwetschgen waschen und entsteinen. Dann mit 50 ml Wasser in einem Topf 10 Minuten weich garen, anschließend abkühlen lassen und mit einem Stabmixer fein pürieren.
4. Buchweizen- und Dinkelmehl in den Hefevorteig sieben und mit dem Sauerrahm, dem Ei und dem Salz zu einem geschmeidigen Teig verrühren. Diesen nochmals 30 Minuten abgedeckt gehen lassen.
5. **Für den Babybrei 200 g Dinkelflocken-Milch-Brei zur Seite nehmen, mit dem Stabmixer fein pürieren und 50 g Zwetschgenmus zufügen.**
6. Die restlichen eingeweichten Dinkelflocken unter den Bliniteig heben.
7. Etwas Butterschmalz in einer Pfanne erhitzen und darin bei mittlerer Hitze je eine kleine Kelle Teig ca. 5–10 Minuten ausbacken, den Blini dabei einmal wenden. Auf diese Weise alle Blinis backen.
8. Das Zwetschgenmus mit 1 EL Zimtzucker würzen. Den restlichen Zimtzucker über die Blinis streuen und servieren.

Varianten: Der Brei und die Blinis schmecken anstelle von Zwetschgen hervorragend mit frischem **Apfelkompott.** Anstelle des Buchweizenmehls können Sie auch einfach die größere Menge **Dinkelmehl** verwenden.

TIPP

Babys ab dem **8. bis 9. Monat dürfen** Blinis in Maßen als **Fingerfood** probieren.

ICH KANN SCHON BREI!

IN DEN LETZTEN MONATEN HABE ICH GANZ VIELE VERSCHIEDENE BREIE PROBIERT.

TOP

DAS SIND MEINE TOP 5

1. ______________________________

2. ______________________________

3. ______________________________

4. ______________________________

5. ______________________________

ICH HABE AUCH EIN PAAR FLOPS. AN DIESE LEBENSMITTEL MUSS ICH MICH NOCH GEWÖHNEN.

FLOP

____

____

____

8. BIS 10. MONAT

Ab dem 8. Lebensmonat essen die meisten Kinder schon dreimal täglich eine Breimahlzeit. Beikost ist damit ein fester Bestandteil im Tagesablauf des Babys geworden. Bestimmt kennen Sie mittlerweile die Geschmacksvorlieben Ihres kleinen Essers und es haben sich ein paar Lieblingsgerichte herauskristallisiert.

Im zweiten Abschnitt des Beikostalters beginnen viele Kinder, Nahrungsmittel selber in die Hand zu nehmen und in den Mund zu führen. Unterstützen Sie das, indem Sie Ihrem Kind immer wieder weich gedünstete Speisen in Stückchen servieren (→ S. 46). Der Brei wird nach und nach stückiger, damit das Baby lernen kann, festere Nahrung im Mund zu bewegen und am Gaumen zu zerdrücken.

Selbstverständlich können Sie nach wie vor die Rezepte aus dem ersten Teil (5.–7. Monat) füttern. Dabei jedoch das Gemüse nicht mehr fein pürieren, sondern mit der Gabel zerdrücken oder in mundgerechten Stückchen weich garen.

Mittlerweile hat das Baby das Essen mit dem Löffel akzeptiert. Es ist Zeit, **Neues anzubieten** oder Altes mit Neuem zu verbinden ...

INFO

KÜRBIS-HAFERFLOCKEN-BREI

100 g Hokkaidokürbis
20 g (ca. 2 EL) Haferflocken, zartblättrig
2 TL Öl
1–2 EL Obstsaft (Apfel-, Orangensaft), vorzugsweise frisch gepresst, oder 1 Schnitz frisches Obst (Apfel, Birne)

20 MINUTEN
REICH AN EISEN
VEGETARISCH

1. Den Kürbis waschen, evtl. abbürsten und in kleine Würfel schneiden.
2. Zusammen mit den Haferflocken in 100 ml Wasser 10 Minuten bei mittlerer Hitze garen. Mit einer Gabel zerdrücken oder mit dem Stabmixer fein pürieren.
3. Unmittelbar vor dem Essen das Öl und den Saft hinzufügen bzw. das Obst mit einer Küchenreibe unterreiben.

Kürbis enthält gesunde **Carotinoide** und punktet durch seinen leicht süßen Geschmack. In Kombination mit Haferflocken ein schmackhaftes Gericht für die **vegetarische Beikost.**

INFO

KAROTTEN-ZUCCHINI-BANDNUDELN

50 g Karotten
50 g Zucchini
50 g Vollkornbandnudeln (oder mehr, wenn die ganze Familie davon isst)
2 TL Öl
1–2 EL Obstsaft (Apfel-, Orangensaft), vorzugsweise frisch gepresst, oder 1 Schnitz frisches Obst (Apfel, Birne)

1. Die Karotten waschen und evtl. schälen. Die Zucchini waschen und den Stielansatz entfernen. In kleine Stücke schneiden.
2. Das Gemüse in 30 ml Wasser in einem kleinen Topf zum Kochen bringen. Bei kleiner Hitze 10–15 Minuten weich garen.
3. Die Bandnudeln in ausreichend ungesalzenem Wasser zum Kochen bringen und ca. 10 Minuten weich kochen. Abgießen und in mundgerechte Stückchen schneiden.
4. Das Gemüse mit dem Stabmixer fein pürieren und mit den Nudeln vermengen.
5. Unmittelbar vor dem Essen das Öl und den Saft hinzufügen bzw. das Obst mit einer Küchenreibe unterreiben.

20 MINUTEN
VEGETARISCH

TIPP

Ab dem 8. Monat mögen viele Babys ihren Brei mit **kleinen Stückchen.** Nun können Sie von den Getreidekomponenten Ihres Familienessens mundgerechte Stückchen in den Brei geben.

FENCHEL-BOHNEN-HIRSE-BREI

20 g (ca. 2 EL) feinkörnige Hirse
50 g grüne Bohnen (Gartenbohnen)
50 g Fenchel
2 TL Öl
1–2 EL Obstsaft (Apfel-, Orangensaft), vorzugsweise frisch gepresst, oder 1 Schnitz frisches Obst (Apfel, Birne)

45 MINUTEN
REICH AN EISEN
VEGETARISCH

1. Die Hirse gründlich waschen und in 50 ml Wasser aufkochen lassen. Ca. 10–15 Minuten bei kleiner Hitze garen. Dabei öfter umrühren. Anschließend vom Herd nehmen und 20–30 Minuten ausquellen lassen.
2. Die Bohnen waschen und den Stielansatz entfernen. In kleine Stücke schneiden.
3. Den Fenchel waschen und die äußeren Blätter sowie den Strunkansatz entfernen. In kleine Stücke schneiden.
4. Das Gemüse in 30 ml Wasser in einem kleinen Topf zum Kochen bringen. Bei kleiner Hitze 15–20 Minuten weich garen.
5. Das Gemüse mit dem Stabmixer fein pürieren und evtl. durch ein Sieb streichen.
6. Die Hirse unter den Fenchel-Bohnen-Brei rühren.
7. Unmittelbar vor dem Essen das Öl und den Saft hinzufügen bzw. das Obst mit einer Küchenreibe unterreiben.

Zeigt Ihr Baby Abneigung gegen den faserigen Brei, streichen Sie das Gemüse einfach vor dem Servieren durch ein **feines Sieb.**

INFO

Fenchel und Bohnen enthalten viele **Vitamine und Mineralstoffe.** Aufgrund ihrer Fasern können sie die Verdauung anregen und den **Stuhlgang** fördern. **Hirse** punktet durch ihren hohen **Eisengehalt,** besonders bei vegetarischen Beikostkindern.

ROTE-BETE-KARTOFFEL-RINDFLEISCH-BREI

1 kleine Kartoffel (50 g)
100 g Rote Bete
30 g mageres Rindfleisch (Hüfte, Filet)
2 TL Öl
1–2 EL Obstsaft (Apfel-, Orangensaft), vorzugsweise frisch gepresst, oder 1 Schnitz frisches Obst (Apfel, Birne)

70 MINUTEN
REICH AN EISEN

1. Die Kartoffel mit Wasser bedeckt in etwa 15 Minuten weich kochen (die Garzeit variiert je nach Sorte und Größe).
2. Die Rote Bete schälen und in kleine Würfel schneiden. In 50 ml Wasser in einem kleinen Topf zum Kochen bringen. Bei kleiner Hitze 1 Stunde weich kochen.
3. Das Fleisch in kleine Würfel schneiden und zusammen mit der Roten Bete die letzten 15 Minuten garen. Mit dem Stabmixer fein pürieren.
4. Die Kartoffel schälen, mit einer Gabel grob zerdrücken und mit dem Brei vermengen.
5. Unmittelbar vor dem Essen das Öl und den Saft hinzufügen bzw. das Obst mit einer Küchenreibe unterreiben.

Variante: Auch bei diesem Rezept lässt sich das Fleisch regelmäßig hervorragend durch ein Eigelb ersetzen.

INFO

Rote Bete enthält viel **Eisen** und schmeckt sehr **mild.** Da sie lange Kochzeiten benötigt, um gar zu werden, lohnt es sich, gleich eine größere Menge für die ganze Familie zu kochen.

ERBSEN-HIRSE-LACHS-BREI

30 g tiefgekühlter Biolachs (kein Räucherlachs!)
50 g tiefgekühlte Erbsen
15 g Instant-Hirseflocken
2 TL Öl
1–2 EL Obstsaft (Apfel-, Orangensaft), vorzugsweise frisch gepresst, oder 1 Schnitz frisches Obst (Apfel, Birne)

15 MINUTEN
REICH AN EISEN

1. Lachs unter kaltem Wasser waschen, trocken tupfen und mit einem scharfen Messer in kleine Würfel schneiden.
2. Die Erbsen mit den Lachswürfeln in 100 ml Wasser 10 Minuten bei mittlerer Hitze garen und anschließend mit dem Stabmixer fein pürieren, dabei ein paar Erbsen und kleine Lachsstücke unpüriert lassen.
3. Den Lachs-Erbsen-Brei auf etwa 50 °C abkühlen lassen und die Hirseflocken einrühren.
4. Unmittelbar vor dem Essen das Öl und den Saft hinzufügen bzw. das Obst mit einer Küchenreibe unterreiben.

Varianten: Möchten Sie **ganze Hirsekörner** verwenden, so kochen Sie diese separat und verwenden für den Brei etwas weniger Garwasser. Anstelle des Fischs können Sie einfach etwas mehr Hirse nehmen. oder durch die entsprechende Menge Hülsenfrüchte ersetzen.

Lachs liefert viele wertvolle Fettsäuren, die **Erbsen** sorgen für ausreichend Eisen.

INFO

FENCHEL-KARTOFFEL-SEELACHS-BREI

1 kleine Kartoffel (50 g)
100 g Fenchel
30 g Seelachsfilet (ohne Gräten)
2 TL Öl
1–2 EL Obstsaft (Apfel-, Orangensaft), vorzugsweise frisch gepresst, oder 1 Schnitz frisches Obst (z. B. Apfel, Birne)

1. Die Kartoffel mit Wasser bedeckt ca. 15 Minuten weich kochen (die Garzeit variiert je nach Sorte und Größe).
2. Den Fenchel waschen, die äußeren Blätter und den Strunkansatz entfernen. In kleine Stücke schneiden.
3. Den Seelachs zusammen mit dem Fenchel in 50 ml Wasser in einem kleinen Topf zum Kochen bringen. Bei kleiner Hitze 15 Minuten weich garen und mit dem Stabmixer pürieren.
4. Die Kartoffel schälen, mit einer Gabel grob zerdrücken und zum Brei geben.
5. Unmittelbar vor dem Essen das Öl und den Saft hinzufügen bzw. das Obst mit einer Küchenreibe unterreiben.

20 MINUTEN

Fenchel ist mild-würzig und hat einen anisähnlichen, aromatischen Geschmack. Er hilft bei **Blähungen. Seelachs** liefert wichtiges **Jod,** das Ihr Baby für eine gesunde Entwicklung benötigt.

INFO

BROKKOLI-APFEL-KAROTTEN-BREI

BROKKOLI-KARTOFFEL-PUFFER

FAMILIENESSEN

400 g Kartoffeln
350 g Brokkoli
100 g Apfel
40 g Mehl
1 Ei
1/4 TL Salz
2 EL Bratöl oder Butterschmalz
2 TL Beikostöl
1–2 EL Obstsaft (Apfel-, Orangensaft), vorzugsweise frisch gepresst, oder 1 Schnitz frisches Obst (Apfel, Birne) bzw. ein wenig frisches Obst als Nachtisch

30 MINUTEN
VEGETARISCH
FINGERFOOD

1. Die Kartoffeln schälen und raspeln. Den Brokkoli ebenfalls waschen und in Röschen zerteilen. Den Apfel schälen, entkernen und würfeln.
2. Sind die Kartoffelraspel sehr feucht, diese durch ein feines Sieb ausdrücken. Den austretenden Saft auffangen und kurz stehen lassen, bis sich die Kartoffelstärke am Boden absetzt. Das Wasser vorsichtig abgießen, die Stärke zu den Kartoffelraspeln geben.
3. **Für den Babybrei 50 g Kartoffelraspeln zur Seite nehmen.**
4. Brokkoliröschen, Apfelwürfel und die 50 g Kartoffelraspeln zusammen in einem Topf mit wenig Wasser 10 Minuten garen.
5. Das Mehl, das Ei und das Salz zu den restlichen Raspeln geben und alles zu einer gleichmäßigen Masse verkneten.
6. **Für den Babybrei 50 g Brokkoli und die Apfelwürfel zur Seite stellen.**
7. Den restlichen Brokkoli mit den Fingern zerbröseln und gleichmäßig unter die Kartoffelmasse mengen.
8. Das Öl oder Butterschmalz in einer Pfanne erhitzen und mit einem Esslöffel die Kartoffelmasse portionsweise in das heiße Öl geben, flach drücken und von beiden Seiten goldbraun backen.
9. **Für den Babybrei den Brokkoli mit einem Stabmixer fein pürieren. Die Apfelwürfel und die Kartoffelraspeln dazugeben. Vor dem Essen das Öl und den Saft zugeben bzw. das Obst mit einer Küchenreibe unterreiben.**

Babys **ab dem 10. Lebensmonat** dürfen einen Puffer als **Fingerfood** probieren.

TIPP

Variante: Die Kleinen bevorzugen meist Apfelkompott dazu, den Erwachsenen schmecken die Puffer mit Hummus (Kichererbsenmus), rohem Schinken, Räucherlachs oder mit einer Scheibe Camembert überbacken.

FAMILIENESSEN

GEMÜSE-HIRSE-LINSEN-BREI

GEFÜLLTE LINSEN-HIRSE-PAPRIKA

30 g Zwiebel
100 g Zucchini
150 g Karotte
1 EL Olivenöl
30 g Hirse
30 g geschälte rote Linsen
2 TL Beikostöl
1–2 EL Obstsaft (Apfel-, Orangensaft), vorzugsweise frisch gepresst, oder 1 Schnitz frisches Obst (Apfel, Birne)
5 grüne Oliven
100 g Tomate
50 g Mozzarella
3 EL Kräuterfrischkäse
1/2 TL Kräutersalz
2 gelbe Paprikaschoten
350 ml Tomaten-Passata
1/2 TL getrocknete italienische Kräuter
3 EL frisch geriebener Parmesan

75 MINUTEN
REICH AN EISEN
VEGETARISCH

1. Die Zwiebel schälen und fein hacken. Die Zucchini waschen, entstielen und fein raspeln. Die Karotte schaben und ebenfalls fein raspeln.
2. Das Öl in einem Topf erhitzen und das Gemüse darin kurz andünsten.
3. Die Hirse gründlich waschen und mit den Linsen dazugeben. 150 ml Wasser angießen und bei mittlerer Hitze ca. 15 Minuten köcheln, dann auf ausgeschalteter Platte 15 Minuten quellen lassen.
4. **Für den Babybrei von der Gemüse-Hirse-Linsen-Mischung 200 g zur Seite nehmen, nach Bedarf pürieren oder mit einer Gabel zerdrücken. Vor dem Verzehr Öl und Saft hinzufügen bzw. das Obst mit einer Küchenreibe unterreiben.**
5. Die Oliven klein schneiden. Die Tomaten waschen und fein würfeln. Den Mozzarella ebenfalls klein würfeln.
6. Die Oliven, die Tomaten, den Frischkäse und den Mozzarella unter die Hirsemasse rühren. Mit Kräutersalz abschmecken.
7. Die Paprikaschoten waschen und aushöhlen, dann die Masse einfüllen. Bei geschlossenem Topf in dem mit den Kräutern erhitzten Tomaten-Passata etwa 30 Minuten dünsten.
8. 5 Minuten vor Garzeitende den Parmesan über die Paprikaschoten streuen.

TIPP

Anstelle der Hirse können Sie **Reis** oder **Couscous** verwenden.

Rote Linsen sind schnell gar und liefern hochwertiges **Eiweiß.** Sie schmecken leicht süßlich und sind für Babys **leicht verdaulich.**

INFO

ERBSEN-KAROTTE-SPINAT-EI-NUDEL-BREI

FAMILIENESSEN

WARMER NUDELSALAT

100 g tiefgekühlte Erbsen
150 g Karotten
50 g tiefgekühlter Blattspinat
200 g Vollkornnudeln (Hörnchen, Spirelli, Penne)
2 Eier
2 TL Beikostöl
1–2 EL Obstsaft (Apfel-, Orangensaft), vorzugsweise frisch gepresst, oder 1 Schnitz frisches Obst (Apfel, Birne), alternativ ein wenig frisches Obst als Nachtisch
3 EL milder Essig (z. B. heller Aceto balsamico), alternativ 1 EL Zitronensaft
2 EL Olivenöl
2 TL Leinöl
2 EL Sahne
1 Prise Zucker
Salz und Pfeffer
100 g Mozzarella

30 MINUTEN
VEGETARISCH
FINGERFOOD

1. Die Erbsen in 150 ml Wasser 15–20 Minuten weich kochen.
2. Die Karotten schälen, würfeln und zusammen mit dem Spinat 10 Minuten vor Garzeitende zu den Erbsen geben.
3. Die Nudeln in ausreichend Wasser bissfest kochen und kurz unter kaltem Wasser abschrecken.
4. Die Eier in kaltem Wasser zum Kochen bringen und ca. 10 Minuten hart kochen. Kurz abkühlen lassen, die Schale abpellen. 1 Eigelb zur Seite legen, den Rest in kleine Stücke schneiden.
5. **Für den Babybrei 100 g gekochtes Gemüse, 50 g gekochte Nudeln und 1 gekochtes Eigelb zur Seite nehmen, nach Bedarf mit dem Stabmixer pürieren oder mit einer Gabel zerdrücken. Vor dem Verzehr das Öl und den Saft hinzufügen bzw. das Obst mit einer Küchenreibe unterreiben.**
6. Aus dem Essig, dem Olivenöl, der Sahne, dem Zucker und nach Belieben Salz und Pfeffer ein schmackhaftes Dressing anrühren.
7. Den Mozzarella in kleine Stücke schneiden.
8. Die Nudeln mit den übrigen Zutaten und dem Dressing gut vermischen, vor dem Verzehr nochmals kurz durchziehen lassen.

Varianten: Sie können den Salat am Vortag zubereiten und im Kühl schrank aufbewahren, evtl. benötigen Sie dann aber ca. 30 % mehr Dressing. Als Beilage genügt die Hälfte der Menge.

Warmer Nudelsalat eignet sich hervorragend zum **Übergang zur Familienkost**, kann beliebig mit Gemüsesorten variiert werden und ist als **Fingerfood ab dem 10. Monat** sehr beliebt.

TIPP

KÜRBIS-REIS-HÜHNCHEN-BREI

KÜRBIS-HÜHNCHEN-RISOTTO

FAMILIENESSEN

250 g Hokkaidokürbisfleisch
1 EL Olivenöl
200 g Risottoreis (z. B. Arborio)
200 g Hühnchenbrustfilet
2 TL Beikostöl
1–2 EL Obstsaft (Apfel-, Orangensaft), vorzugsweise frisch gepresst, oder 1 Schnitz frisches Obst (Apfel, Birne)
1 EL Butter
1 EL Kräuterfrischkäse
1 Msp. abgeriebene Biozitronenschale
1 EL heller Aceto balsamico
3 EL frisch geriebener Parmesan
Salz und Pfeffer

40 MINUTEN

1. Den Kürbis gut waschen, evtl. schälen, entkernen und das Fleisch würfeln.
2. Das Öl in einem Topf erhitzen und die Kürbiswürfel darin etwas andünsten. Den Reis dazugeben, anschwitzen, 500 ml Wasser angießen und das Ganze bei niedriger Stufe unter gelegentlichem Umrühren ca. 20 Minuten garen lassen.
3. Das Hühnchenbrustfilet in Streifen schneiden und 10 Minuten vor Garzeitende unter das Risotto geben.
4. **Für den Babybrei 200 g Risotto plus 30 g gegartes Hühnchenfleisch zur Seite nehmen, nach Bedarf mit dem Stabmixer fein pürieren. Vor dem Essen das Öl und den Saft zugeben bzw. das Obst mit einer Küchenreibe unterreiben.**
5. Die Butter, den Frischkäse, die Zitronenschale, den Essig und den Parmesan unter das restliche Risotto rühren. Alles mit Salz und Pfeffer abschmecken und sofort servieren.

Variante: Ersetzen Sie nach Belieben den Kürbis durch **andere Gemüsesorten** wie Pastinake, Karotte oder Erbse.
Anstelle des Hühnchens können Sie auch Putenbrust oder Fisch wie Lachs oder Kabeljau, aber auch ein Eigelb oder Hülsenfrüchte nehmen.

TIPP

Besonders gesund wird das Gericht, wenn Sie **ungeschälten Naturreis** verwenden. Beachten Sie dann aber die längere Kochdauer!

KAROTTEN-COUSCOUS-FLEISCH-BÄLLCHEN

50 g Couscous
200 g Hühnchenbrustfilet oder fertiges Hackfleisch
200 g Karotten
Rapsöl
3 EL Mandel- oder Cashewmus
1–2 EL Obstsaft (Apfel-, Orangensaft), vorzugsweise frisch gepresst
1 Ei
Gewürze wie Kurkuma, Chili, Kreuzkümmel nach Belieben
Paniermehl
Salz und Pfeffer

30 MINUTEN
FINGERFOOD

1. Den Couscous mit 75 ml Wasser übergießen und 15 Minuten quellen lassen.
2. Das Fleisch ggf. durch den Fleischwolf drehen oder sehr klein schneiden.
3. Die Karotten schälen, raspeln und in etwas Rapsöl 10 Minuten weich garen. **Für das Baby 20 g Fleisch mitgaren.**
4. **Für den Babybrei 100 g Karottenraspel, das gegarte Fleisch und 40 g Couscous mit dem Stabmixer fein pürieren. Vor dem Essen 1 TL Nussmus und den Saft zugeben.**
5. Die restlichen Zutaten zusammen mit dem Ei verkneten und kleine Bällchen formen. Diese in etwas Paniermehl wälzen und in Rapsöl braten.

Variante: Dazu schmeckt ein frischer Joghurtdip oder Hummus.

Babys **ab dem 8. bis 9. Monat** bevorzugen meist schon die Konsistenz des unpürierten Couscous. Die Bällchen dürfen kleine Beikostesser **ab dem 10. Monat** schon als **Fingerfood** probieren.

TIPP

PAPRIKA-ZUCCHINI-REIS-SEELACHS-BREI

FAMILIENESSEN

GEDÜNSTETER SEELACHS MIT GEMÜSERISOTTO

300 g tiefgekühlter Seelachs
½ EL Zitronensaft
100 g rote Paprika
100 g Zucchini
150 g Basmatireis
1 EL gemischte tiefgekühlte Kräuter
2 TL Zitronensaft
1 TL Zucker
2 TL Speisestärke
50 ml Sahne
2 TL Beikostöl
1–2 EL Obstsaft (Apfel-, Orangensaft), vorzugsweise frisch gepresst, oder 1 Schnitz frisches Obst (Apfel, Birne)

45 MINUTEN

1. Den Seelachs auftauen lassen, abspülen, trocken tupfen und mit dem Zitronensaft einreiben.
2. Das Gemüse waschen, die Paprika entkernen und in sehr kleine Stückchen schneiden. Von der Zucchini das Stielende und den Blütenansatz entfernen und die Zucchini auf einer Gemüsereibe fein raspeln.
3. Den Reis waschen, mit 300 ml Wasser und dem Gemüse 15 Minuten garen.
4. Den Seelachs in 100 ml Wasser 10 Minuten gar dünsten, danach herausnehmen und warm stellen.
5. Das Garwasser mit den Kräutern, dem Zitronensaft und dem Zucker abschmecken und mit einem Schneebesen die Speisestärke klumpenfrei einrühren. Unter Rühren kurz aufkochen, anschließend die Sahne einrühren.
6. **Für den Babybrei 30 g Seelachs mit einer Gabel fein zerdrücken und 200 g Gemüsereis dazugeben. Vor dem Essen das Öl und den Saft zugeben bzw. das Obst mit einer Küchenreibe unterreiben.**
7. Den restlichen Seelachs in die Sahnesoße geben und kurz ziehen lassen. Mit dem Gemüsereis servieren.

Ein leckeres Fischgericht, das mit Zutaten aus dem **Tiefkühlfach** immer schnell verfügbar ist. Natürlich können Sie nach Saison **frische Zutaten** verwenden. Statt Seelachs eignet sich auch Kabeljau.

TIPP

BEEREN-HAFERFLOCKEN-BREI

10–15 g Instant-Haferflocken
50 g reife Erdbeeren
50 g reife Himbeeren
1 TL Butter, Nussmus oder Öl

10 MINUTEN
REICH AN EISEN
VEGETARISCH

1. Die Instant-Haferflocken in 100 ml heißes Wasser (ca. 50 °C) einrühren und quellen lassen.
2. Die Beeren waschen, verlesen und mit dem Stabmixer fein pürieren.
3. Das Beerenpüree unter den Haferflockenbrei rühren und Butterflöckchen, Nussmus oder Öl hinzufügen.

Variante: Möchten Sie herkömmliche **Haferflocken** verwenden, kochen Sie diese mit der benötigten Flüssigkeit auf und lassen Sie das Ganze ein paar Minuten ausquellen.

INFO

Beerenfrüchte und Haferflocken enthalten viel wertvolles **Eisen.**

PFIRSICH-DINKEL-BREI

20 g (ca. 2 EL) Dinkelgrieß oder Dinkel-TAU
100 g reifer Pfirsich
1 TL Butter, Nussmus oder Öl

1. Den Dinkelgrieß in 100 ml Wasser aufkochen und 10 Minuten (den TAU nur 2–3 Minuten) quellen lassen.
2. Den Pfirsich waschen, entkernen und in kleine Stücke schneiden.
3. Die Pfirsichstücke mit dem Stabmixer pürieren, unter den Grieß rühren und Butterflöckchen, Nussmus oder Öl hinzufügen.

15 MINUTEN
VEGETARISCH

INFO

Reife süße **Pfirsiche** sind im Sommer ein Genuss. Ist die **Schale** zu rau, können Sie den Pfirsich kurz mit heißem Wasser überbrühen und dann die Schale abziehen.

FEIGEN-COUSCOUS-KOKOS-BREI

WARMER KOKOS-COUSCOUS

FAMILIENESSEN

3 Stk. getrocknete Feigen
100 g Hartweizen-Couscous
300 ml Kokosmilch
200 g frische Feigen
2 TL flüssiger Honig oder Agavendicksaft
1 Prise Bourbon-vanillepulver
Schale von 1/2 unbehandelten Limette
2 EL Kokosraspeln

20 MINUTEN
VEGETARISCH

1. Die getrockneten Feigen in Stückchen schneiden und mit dem Couscous und der Kokosmilch in einem kleinen Topf kurz aufkochen. Bei geschlossenem Deckel 10 Minuten ziehen lassen.
2. Die frischen Feigen schälen, in Stückchen schneiden, unter den Kokos-Couscous heben und kurz mitziehen lassen.
3. **Für den Babybrei 250 g Brei zur Seite nehmen, nach Bedarf mit dem Stabmixer pürieren und auf Esstemperatur abkühlen lassen.**
4. Den restlichen Couscous mit dem Honig bzw. Agavendicksaft, der Vanille und der Limettenschale abschmecken. Vor dem Verzehr mit je 1 EL Kokosraspeln bestreuen.

Variante: Der Brei kann auch mit **Hafermilch** oder als Milch-Getreide-Brei mit **Kuhmilch** anstelle der Kokosmilch zubereitet werden. Aufgrund des Fettgehalts der Kokosmilch kann hier auf eine weitere Fettzugabe verzichtet werden, bei Verwendung von Hafermilch fügen Sie wie gewohnt 1 TL Butter, Nussmus oder Beikostöl zu.

TIPP

Möchten Sie Ihr Baby vor dem 2. Lebensjahr von Ihrem Essen probieren lassen, dann müssen Sie den Honig durch andere geeignete Süßungsmittel ersetzen (→ Tipp S. 100).

INFO

Ein warmer Kokostraum, der den kleinen Genießern schon ein wenig **Konsistenz** fürs Mundgefühl bietet. Ist der Couscous noch zu stückig, kann der Brei natürlich weiterhin fein püriert werden. Die **Feigen** wirken verdauungsfördernd und stuhlauflockernd.

MILCH-PFIRSICH-HAFER-BREI

50 g reifer Pfirsich
20 g Haferflocken, zart schmelzend
200 ml Vollmilch (3,5 % Fett)

1. Den Pfirsich waschen, entkernen und in kleine Stücke schneiden.
2. Die Pfirsichstücke mit den Haferflocken in der Milch aufkochen und 10 Minuten quellen lassen.
3. Vor dem Servieren mit einer Gabel alles fein zerdrücken.

15 MINUTEN
REICH AN EISEN
VEGETARISCH

INFO

Haferflocken sind sehr **nahrhaft** und reich an **Eisen.** Die zart schmelzende Variante muss nur einmal kurz aufgekocht werden und ein paar Minuten quellen.

MILCH-BANANE-GERSTE-BREI

30 g TAU-Gerste **(→ S. 34)**
200 ml Vollmilch (3,5 % Fett)
100 g Banane

1. Das Gersten-TAU-Pulver in die kalte Milch einrühren und zum Kochen bringen.
2. Etwa 1 Minute bei niedriger Temperatur köcheln lassen, auf Esstemperatur abkühlen lassen.
3. Die Banane schälen, pürieren oder mit der Gabel zerdrücken und unter den Gerstenbrei rühren.

5 MINUTEN
VEGETARISCH

Gerste und **Banane** wirken besonders **beruhigend auf die Magenschleimhaut.** Ein feiner Brei also, wenn das Bäuchlein zwickt.

INFO

MILCH-ZWETSCHGEN-REIS-BREI

FAMILIENESSEN

MILCHREIS MIT ZWETSCHGENKOMPOTT

100 g Rundkornreis
500 ml Vollmilch
300 g Zwetschgen
1 Ei
Zimtzucker

45 MINUTEN
VEGETARISCH

1. Den Reis und die Milch zusammen in einem Topf aufkochen und unter gelegentlichem Umrühren 30 Minuten bei geringer Hitze köcheln.
2. Die Zwetschgen waschen, entsteinen, halbieren und mit 50 ml Wasser in einem Topf zum Kochen bringen. Bei niedriger Temperatur 10 Minuten köcheln lassen. Das Kompott zum Verzehr abkühlen lassen.
3. Das Ei trennen, das Eiweiß fest aufschlagen.
4. Das Eigelb gleichmäßig unter den Milchreis rühren, den Eischnee locker unterheben und alles weitere 10 Minuten bedeckt gar ziehen lassen.
5. **Für das Baby 200 g Milchreis und 50 g Zwetschgenkompott zur Seite nehmen, nach Bedarf mit dem Stabmixer pürieren.**
6. Den fertigen Milchreis mit dem Zwetschgenkompott servieren. Für die Großen nach Belieben mit Zimtzucker bestreuen.

Variante: Für das Kompott können Sie je nach Saison auch **Äpfel, Birnen oder Mirabellen** verwenden. Im Sommer schmeckt hierzu eine roh pürierte **Beerenfruchtsoße** hervorragend.

Milchreis weckt in den meisten von uns wohlige Kindheitserinnerungen. Auch ihr kleiner Esser darf sich hier schon wie die Großen an diesem köstlichen Milchgericht erfreuen. Das **Ei** erhöht den Nährwert und sorgt für eine locker fluffige Konsistenz

INFO

ICH KANN SCHON MIT DEN FINGERN ESSEN!

IN DEN LETZTEN WOCHEN HAB ICH GANZ VIEL FINGERFOOD PROBIERT.
ANGEFANGEN DAMIT HAB ICH AM ________________.

ALS ERSTES HABE ICH ________________ PROBIERT.

DAS SIND MEINE TOP 5 BEIM FINGEROOD.

1. ________________________________

2. ____________________________

3. ________________________________

4. ________________________________

5. ________________________________

ICH HABE AUCH SCHON ZUM ERSTEN MAL BEI DEN GROSSEN VOM TELLER GEMOPST. DAS WAR AM __________.

ICH HABE AUCH EIN PAAR FLOPS. AN DIESE LEBENSMITTEL MUSS ICH MICH NOCH GEWÖHNEN.

____

____

AB DEM 11. MONAT FAMILIENREZEPTE

Ab dem 11. Lebensmonat, manchmal auch schon etwas früher, wird das Baby langsam an die Familienkost herangeführt. Nun darf es nach Belieben auch weiche, wenig gewürzte Speisen von den Gerichten der Großen probieren.

Die **Breie** des Babys werden immer grobstückiger, es gibt regelmäßig Essen auf die Hand bzw. Fingerfood: Brotstückchen, milde Käsewürfel, zartes Geflügelfleisch oder frisches Obst. Die Breizutaten werden nun nicht mehr immer püriert, sondern oft nur noch mit der Gabel zerdrückt. Auch Getreide wie Hirse oder Reis kommen nun als Ganzes in den Brei. Kräuter dürfen ab und zu die Geschmacksvielfalt des Essens bereichern. Schrittweise beginnen die Babys an einer geeigneten Familienkost teilzunehmen. Nach wie vor sollte auf eine **ausgewogene Nährstoffzufuhr** geachtet werden. Als Vitamin-C-Lieferant dient ein Stück frisches Obst – roh ins Essen gerieben oder als Nachtisch.

Wichtige Info zu den Familienrezepten: Seien Sie nicht irritiert von Zutaten wie Zucker, Salz oder Gewürzen. Diese kommen nicht in das Beikostessen, sondern erst später, zum Würzen des Familiengerichts, dazu.

Gegen Ende des 12. Lebensmonats, also ab einem Jahr, löst das gemeinsame Essen mit der Familie allmählich die Babybreie ab.

INFO

FAMILIENESSEN

BUNTE NUDELPFANNE

3 EL Farfalle oder Fusilli
50 g Karotten
50 g Zucchini
1 frisches Basilikumblatt
2 TL Öl
1–2 EL Obstsaft (Apfel-, Orangensaft), vorzugsweise frisch gepresst,
oder 1 Schnitz frisches Obst (Apfel, Birne)

20 MINUTEN
VEGETARISCH
FINGERFOOD

1. Wasser in einem Topf erhitzen und die Nudeln in etwa 10 Minuten weich kochen.
2. Die Karotten schälen und fein raspeln. Die Zucchini waschen, entstielen und ebenfalls fein raspeln.
3. Das Gemüse in 30 ml Wasser bei kleiner Hitze 10–15 Minuten weich kochen.
4. Das Basilikum waschen, fein hacken und unter das Gemüse rühren.
5. Die Nudeln mit dem Gemüse vermengen.
6. **Für das Baby entweder alles mit einem Stabmixer grob pürieren oder die Nudeln zum Essen mit der Hand servieren. Unmittelbar vor dem Essen das Öl und den Saft hinzufügen bzw. das Obst mit einer Küchenreibe unterreiben.**

Variante: Dieses Gericht kann hervorragend als **Familienessen** in größerer Menge zubereitet und für die anderen Familienmitglieder am Tisch nachgewürzt werden.

Liebhaber der italienischen Küche sollten ausnahmsweise darauf verzichten, die Nudeln bissfest zu essen. Dem Baby zuliebe!

TIPP

ZWERGEN-RATATOUILLE

100 g rundkörniger Naturreis
je 50 g grüne, gelbe und rote Paprikaschote
100 g Zucchini
100 g Auberginen
1 Tomate
1/2 kleine Zwiebel
1 EL Olivenöl, extra vergine
1 TL frischer Thymian
2 TL frisch geriebener Parmesan
2 TL Öl
1–2 EL Obstsaft (Apfel-, Orangensaft), vorzugsweise frisch gepresst
Salz und Pfeffer
1 EL Kräuterfrischkäse

30 MINUTEN
VEGETARISCH

1. Den Naturreis waschen, mit 200 ml Wasser aufkochen und ca. 30 Minuten bei kleiner Hitze garen. Dabei öfter umrühren.
2. Paprika, Zucchini und Aubergine waschen. Paprika halbieren, die Stielansätze, die Samen sowie die weiße Innenhaut entfernen. Von der Zucchini und der Aubergine Blüten- und Stielansatz entfernen. Die Tomate waschen und den Stielansatz entfernen. Die Zwiebel schälen. Das Gemüse in mundgerechte Stückchen schneiden.
3. Das Olivenöl in einem Topf erhitzen und das Gemüse sanft anbraten. Bei kleiner Hitze unter gelegentlichem Rühren 15–20 Minuten garen. 5 Minuten vor dem Ende der Garzeit den fein gehackten Thymian dazugeben.
4. Den Reis mit dem Gemüse vermengen. Den Parmesan über das Ratatouille streuen.
5. **Unmittelbar vor dem Essen für das Baby das Öl und den Saft hinzufügen.**
6. Für die Erwachsenen das Ratatouille mit Salz, frisch gemahlenem schwarzem Pfeffer und Kräuterfrischkäse abschmecken.

FAMILIENESSEN

BROKKOLI-KÄSE-SPÄTZLE

300 g Brokkoli
200 g Dinkelmehl (Type 1050)
2 Eier
2 TL Beikostöl
1 Schnitz frisches Obst (z. B. Apfel, Birne) oder 1–2 EL Obstsaft (Apfel-, Orangensaft)
100 g Käse (z. B. Emmentaler, Bergkäse, Gouda)
1 EL Schnittlauch

40 MINUTEN
VEGETARISCH
FINGERFOOD

1. Den Brokkoli waschen, in kleine Röschen zerteilen und in einem Topf mit wenig Wasser ca. 8 Minuten weich kochen.
2. Die Hälfte des Brokkoli fein pürieren und etwas abkühlen lassen, den Rest zur Seite stellen.
3. Für den Spätzleteig Mehl, Eier, Brokkolipüree und 150 ml Wasser zu einem geschmeidig glatten Teig verarbeiten.
4. Einen großen Topf zu zwei Dritteln mit Wasser füllen, das Wasser zum Kochen bringen und den Teig portionsweise durch einen Spätzlehobel in das kochende Wasser reiben.
5. Die Spätzle kurz aufkochen lassen, bis sie an der Wasseroberfläche schwimmen.
6. Die Spätzle durch ein Sieb abgießen, abtropfen lassen und sofort mit dem zerkleinerten Brokkoli vermischen.
7. **Für das Baby ca. 250 g Brokkolispätzle zur Seite nehmen, vor dem Verzehr das Öl hinzufügen. Das Obst mit einer Gemüsereibe zu den Spätzle reiben oder den Saft hinzufügen.**
8. Die restlichen Spätzle mit dem geriebenen Käse vermengen und mit Schnittlauch bestreuen.

TIPP

Wenn die Zeit mal knapp ist, können die Spätzle **vorgekocht** und dann unmittelbar vor dem Essen erwärmt und mit Käse bestreut werden.

INFO

Spätzle sind sehr beliebtes **Fingerfood** für kleine Essanfänger.

GEMÜSEEINTOPF

FAMILIENESSEN

400 g Kartoffeln, mehlig kochend
150 g Karotten
100 g Fenchel
100 g tiefgekühlte Erbsen
5 Schnittlauchstängel
2 TL Öl
1–2 EL Obstsaft (Apfel-, Orangensaft), vorzugsweise frisch gepresst, oder 1 Schnitz frisches Obst

30 MINUTEN
VEGETARISCH

1. Die Kartoffeln und die Karotten schälen und in kleine Würfel schneiden. Den Fenchel waschen, Strunk und äußere Blätter entfernen und ebenfalls in kleine Würfel schneiden.
2. Das Gemüse in 400 ml Wasser in einem kleinen Topf zum Kochen bringen. Bei kleiner Hitze 20 Minuten weich kochen.
3. Den Schnittlauch waschen, trocken schütteln und in Röllchen schneiden. Über den Eintopf streuen.
4. **Für das Baby 200–250 g Eintopf zur Seite nehmen und mit einer Gabel zerdrücken oder mit dem Stabmixer fein pürieren. Vor dem Essen das Öl und den Saft hinzufügen bzw. das Obst mit einer Küchenreibe unterreiben.**

Variante: Möchten Sie Ihrem Kind Fleisch in den Brei geben, fügen Sie einfach **mageres Rinderhackfleisch** dazu und garen es zusammen mit den Kartoffeln und dem Gemüse. Oder Sie ergänzen durch Hülsenfrüchte wie gekochte Linsen oder Kichererbsen.

TIPP

Der Gemüseeintopf ist ein **unkompliziertes Gericht,** das sich beliebig mit anderen Gemüsesorten wie Brokkoli, Blumenkohl oder Kohlrabi erweitern und verändern lässt.

FAMILIENESSEN

GRÜNKERN-GEMÜSE-TALER

150 g Grünkernschrot
150 g Brokkoli
100 g Karotten
50 g Haferflocken
2 Eier
1 EL Petersilie
100 g geriebener Käse
Semmelbrösel
Salz und Pfeffer
2 EL Rapsöl
2 TL Beikostöl
1 Schnitz frisches Obst

40 MINUTEN
VEGETARISCH
FINGERFOOD

1. Den Grünkernschrot in einem Topf mit 300 ml Wasser zum Kochen bringen. Auf niedrigster Stufe ca. 20 Minuten kochen lassen.
2. Den Brokkoli waschen und in sehr kleine Stücke zerteilen. Die Karotten waschen und auf einer Gemüsereibe raspeln. Zusammen mit den Haferflocken die letzten 10 Minuten mit dem Grünkernschrot kochen, dann abkühlen lassen.
3. Die Eier, die gehackte Petersilie und den geriebenen Käse unterkneten und ausreichend Semmelbrösel hinzufügen, sodass ein fester, formbarer Teig entsteht.
4. **Für das Baby ca. 200 g Teig zur Seite nehmen. Den Rest mit Salz und Pfeffer herzhaft abschmecken.**
5. Das Rapsöl in einer Pfanne erhitzen, aus dem Teig gleichmäßige Taler (ca. 5 cm Durchmesser) formen und bei mittlerer Hitze auf jeder Seite ca. 8–10 Minuten anbraten.
6. **Für das Baby den ungewürzten Bratlingteig ebenso zubereiten, vor dem Verzehr das Beikostöl darüberträufeln. Das Obst mit einer Gemüsereibe als Beilage zu den Bratlingen reiben oder als Nachtisch servieren.**

Isst Ihr Baby noch gerne Brei, können Sie von dem gekochten **Grünkern-Hafer-Gemüse-Brei** eine Portion zur Seite nehmen und diese als Mahlzeit servieren.

INFO

Varianten: Fleischesser können einen Teil des Grünkernschrots und die Haferflocken durch frisches **Rinderhackfleisch** ersetzen. Ebenso eignen sich rote Linsen hervorragend.
Die leckeren Bratlinge schmecken **sowohl warm als auch kalt** und sind hervorragend für unterwegs oder fürs Picknick geeignet.

KÜRBISGNOCCHI IN SAHNESOSSE

FAMILIENESSEN

300 g Kartoffeln, mehlig kochend
1 mittelgroßer Hokkaidokürbis (ca. 1 kg)
150 g Mehl
30 g Dinkelgrieß
1 Ei
1 EL Butter
200 ml Sahne
2 TL Beikostöl
1 Schnitz frisches Obst
Salz und Pfeffer
mildes Currypulver

45 MINUTEN
VEGETARISCH
FINGERFOOD

1. Die Kartoffeln in Wasser gar kochen, pellen und durch die Kartoffelpresse drücken.
2. Den Kürbis waschen, das innere Kerngehäuse entfernen. Das Kürbisfleisch in kleine Würfel schneiden. Die Hälfte davon in einem Topf mit wenig Wasser ca. 5 Minuten weich dünsten. Ebenfalls durch die Kartoffelpresse drücken.
3. Das Kürbispüree mit dem Kartoffelpüree, dem Mehl, dem Grieß und dem Ei zu einem glatten Teig verkneten.
4. Den Teig auf einer bemehlten Unterlage zu mehreren 1 cm dicken Rollen formen und davon ca. 1 cm breite Stücke abschneiden. Diese zu länglich-ovalen Gnocchi formen.
5. In einem großen Topf ca. 2 l Wasser zum Kochen bringen, die Gnocchi hineingeben und in 4–5 Minuten gar kochen. Aus dem Wasser nehmen und auf Küchenkrepp kurz abtropfen lassen.
6. Die Butter in einer Pfanne zerlassen und die restlichen Kürbiswürfel darin leicht anbraten. Mit 50 ml Wasser angießen und 5 Minuten weich kochen. Die Sahne und die Gnocchi dazugeben und alles weitere 2–3 Minuten ziehen lassen.
7. **Für das Baby 200 g Kürbisgnocchi aus der Soße nehmen und unmittelbar vor dem Verzehr das Beikostöl dazugeben. Das Obst mit einer Gemüsereibe als Beilage zu den Gnocchi reiben oder als Nachtisch servieren.**
8. Die restlichen Kürbisgnocchi in der Sahnesoße mit den Gewürzen abschmecken.

INFO

Isst Ihr Baby noch gerne Brei, können Sie von dem gekochten **Kürbis-Kartoffel-Brei** und den gekochten Kürbiswürfeln eine Portion zur Seite nehmen und diese als Mahlzeit servieren.

Variante: Außerhalb der Kürbiszeit können Sie nach Belieben anderes Gemüsepüree für den Gnocchiteig verwenden, z. B. von gekochten Karotten oder Erbsen. Fleischesser können das Gericht noch mit ein paar Streifen gekochtem Schinken aufpeppen.

BABY-BOLOGNESE

100 g Vollkornspaghetti
1 EL Olivenöl
150 g Karotten
100 g Zucchini
150 g mageres Rinderhackfleisch
3 EL ungesalzenes Tomatenmark
1 Birne
2 EL frisch geriebener Parmesan
2 TL Beikostöl
1–2 EL Obstsaft (Apfel-, Orangensaft), vorzugsweise frisch gepresst
Salz und frisch gemahlener Pfeffer
1 EL Kräuterfrischkäse
frisch geriebener Parmesan

30 MINUTEN
REICH AN EISEN

1. Die Spaghetti in reichlich Wasser in 10 Minuten weich kochen.
2. Karotten schälen und raspeln. Zucchini waschen, entstielen und ebenfalls raspeln.
3. Das Olivenöl erhitzen und das Hackfleisch zusammen mit dem Tomatenmark leicht anbraten. Das Gemüse zu dem Fleisch geben, mit 75 ml Wasser aufgießen und bei kleiner Hitze 10–15 Minuten weich garen.
4. 5 Minuten vor dem Ende der Garzeit die Birne in die Sauce raspeln und mitgaren.
5. **Für das Baby eine Portion gekochte Spaghetti (ca. 50–75 g) in kleine, mundgerechte Stücke schneiden. Mit ca. 5 EL Sauce vermengen und unmittelbar vor dem Essen das Öl und den Saft hinzufügen.**
6. Die übrige Sauce mit Salz, frisch gemahlenem schwarzem Pfeffer und dem Kräuterfrischkäse würzen.
7. Die restlichen Nudeln vor dem Servieren mit der Sauce vermengen und mit dem Parmesan bestreuen.

Variante: Für eine **vegetarische Bolognese** verwenden Sie anstelle des Hackfleischs entweder rote Linsen oder pflanzliche Ersatzprodukte (Sojaschnetzel, Sonnenblumenhack o.Ä.).

FAMILIENESSEN

PUTENBRUSTMEDAILLONS MIT BUNTEM GEMÜSEREIS

200 g Karotten
200 g Blumenkohl
200 g Brokkoli
300 g Putenbrust-medaillons
150 g Reis
3 EL Olivenöl
Salz und Pfeffer
edelsüßes Paprika-pulver
1 Zweig Rosmarin
1 kleines Sträußchen Oregano
100 ml Sahne
2 TL Beikostöl
1–2 EL Obstsaft (Apfel-, Orangensaft), vorzugsweise frisch gepresst

40 MINUTEN
FINGERFOOD

1. Karotten, Blumenkohl und Brokkoli waschen. Karotten schaben. Alles in mundgerechte Stücke schneiden.
2. **Von einem Putenmedaillon für das Babygericht ca. 30 g Fleisch in 1 cm dicke Streifen schneiden.**
3. Den Reis gründlich heiß waschen und mit 350 ml Wasser in einem Topf zum Kochen bringen.
4. Das Gemüse und die Fleischstreifen zum Reis geben und alles 15 Minuten bei niedriger Temperatur köcheln lassen.
5. Das Öl in einer Pfanne erhitzen und die Medaillons bei mittlerer Hitze von jeder Seite 2 Minuten anbraten. Danach beidseitig mit Salz, Pfeffer und Paprikapulver würzen. Die frischen Kräuter zugeben und bei geschlossenem Deckel 10–15 Minuten garen. Nach der Hälfte der Zeit wenden.
6. Kurz vor Garzeitende die Sahne an das Fleisch gießen und alles bis zum Servieren ziehen lassen.
7. **Für den Babybrei 200 g Gemüsereis und die Hälfte der Fleischstreifen mit einer Gabel leicht zerdrücken, die restlichen Fleischstreifen als Fingerfood dazugeben und unmittelbar vor dem Essen das Öl und den Saft darüberträufeln.**
8. Die gebratenen Medaillons mit dem Gemüsereis auf Tellern anrichten. Die Kräuter aus der Soße entfernen und diese über den Reis geben.

Geflügelfleisch ist leicht verdaulich, zart und bei Kindern sehr beliebt. Babys, die schon mehrere Zähnchen haben, essen die Fleischstreifen gerne **direkt aus der Hand**, alternativ können sie mit der Gabel zerdrückt oder fein püriert werden.

INFO

LACHS IM COUSCOUS-GEMÜSE-KRÄUTER-BETT MIT ERBSENPÜREE

3 tiefgekühlte Lachsfilets (ca. 300 g)
150 g Karotten
100 g gelbe Paprika
2 EL Olivenöl
200 g Couscous
2 Zweige Rosmarin
1 Sträußchen Oregano
1 Sträußchen Dill
500 g tiefgekühlte Erbsen
75 ml Sahne
2 TL Beikostöl
1–2 EL Obstsaft (Apfel-, Orangensaft), vorzugsweise frisch gepresst
Salz und Pfeffer

45 MINUTEN

1. Das Lachsfilet auftauen lassen, abspülen und trocken tupfen.
2. Die Karotten und den gelben Paprika waschen, zuputzen und in kleine Stücke schneiden.
3. Das Olivenöl in einem Topf erhitzen und die Gemüsestücke 2–3 Minuten darin andünsten. Den Couscous dazugeben, mit anschwitzen und mit 275 ml Wasser aufgießen. 10 Minuten bei niedriger Hitze dämpfen lassen.
4. Den Backofen auf 180 °C vorheizen.
5. Drei Stück Backpapier (20 x 20 cm) mit der Couscous-Gemüse-Mischung bestreichen, je ein Drittel der Kräuter und ein Lachsfilet darauflegen. Alles zu einem Päckchen schnüren.
6. Die Päckchen für ca. 15 Minuten in den Backofen schieben.
7. Die Erbsen mit 75 ml Wasser in einem Topf 15 Minuten weich garen, anschließend die Sahne angießen und alles mit dem Stabmixer fein pürieren.
8. **Für das Babygericht 150 g Couscous-Gemüse-Mischung ohne Kräuter, 30 g Lachs und 50 g Erbsenpüree anrichten und unmittelbar vor dem Essen das Öl und den Saft darüberträufeln.**
9. Die restliche Couscous-Gemüse-Mischung, den Lachs und das Erbsenpüree zusammen servieren, vor dem Verzehr die Kräuter entfernen und das Gericht mit Salz und Pfeffer abschmecken.

Variante: Anstelle der Backpapierpäckchen können Sie die Zutaten auch in einer **feuerfesten Form mit Deckel** schmoren. Beachten Sie, dass sich dann evtl. die Zubereitungszeit etwas verlängert.

Ein leckeres und gesundes Fischgericht, das mit **Zutaten aus dem Tiefkühlfach** immer schnell verfügbar ist. Natürlich können Sie je nach Saison **frische Zutaten** verwenden.

TIPP

FAMILIENESSEN

APRIKOSEN-BIRNEN-HIRSE-BREI

30 g (ca. 3 EL) feinkörnige Hirse, alternativ 15 g Instant-Hirseflocken
50 g reife Aprikose
50 g Birne
1 TL Butter, Nussmus oder Pflanzenöl

45 MINUTEN
REICH AN EISEN
VEGETARISCH

1. Die Hirse in einem feinmaschigen Sieb unter heißem Wasser waschen, in 75 ml Wasser aufkochen lassen und ca. 10–15 Minuten bei kleiner Hitze garen. Dabei öfter umrühren. Anschließend noch 20–30 Minuten quellen lassen. Alternativ die Hirseflocken in 100 ml heißes Wasser (ca. 50 °C) einrühren und quellen lassen.
2. Die Aprikose und die Birne waschen, die Stielansätze, Kerne und das Kerngehäuse entfernen. Mit dem Stabmixer fein pürieren.
3. Das Obstpüree unter den Hirsebrei rühren und die Butter in Flöckchen, das Nussmus oder das Öl hinzufügen.

INFO

Aprikosen und **Hirse** enthalten viel wertvolles **Eisen.**

TIPP

Die **Hirsemenge** reicht für zwei Portionen: Bewahren Sie nach dem Quellenlassen die Hälfte separat auf.

KIRSCHEN-HAFERFLOCKEN-BREI

20 g (2 EL) Haferflocken
50 g reife Kirschen
½ Banane
50 g reife Himbeeren
1 TL Butter, Nussmus oder Pflanzenöl

20 MINUTEN
REICH AN EISEN
VEGETARISCH

1. Die Haferflocken in 50 ml heißem Wasser 5 Minuten köcheln und anschließend 10 Minuten quellen lassen.
2. Die Kirschen waschen, entstielen und entsteinen.
3. Die Banane schälen und in kleine Stücke schneiden.
4. Die Himbeeren waschen und verlesen. Zusammen mit den Kirschen und der Banane mit dem Stabmixer fein pürieren.
5. Das Obstpüree unter den Haferflockenbrei rühren und die Butter in Flöckchen, das Nussmus oder das Öl hinzufügen.

Kirschen, Himbeeren und Haferflocken enthalten viel wertvolles **Eisen.**

INFO

FAMILIENESSEN

POLENTASCHNITTEN MIT FRUCHTSOSSE

200 g Maisgrieß für die Polenta
5 getrocknete Aprikosen, alternativ 3 EL Rosinen, ungeschwefelt
3 EL Butter
500 g saftiges Obst der Saison (z. B. Erdbeeren, Himbeeren, Johannisbeeren, Trauben, Aprikosen, Nektarinen)
2 TL Mandelmus
2 EL Zucker

45 MINUTEN
FINGERFOOD

1. In einem Topf 800 ml Wasser zum Kochen bringen, den Maisgrieß unter Rühren einrieseln lassen und bei niedriger Hitze 20 Minuten köcheln lassen.
2. Das Trockenobst klein schneiden, zur Polenta hinzufügen und weitere 5 Minuten einköcheln lassen. Dabei gelegentlich umrühren.
3. **Für den Babybrei 100 g Polenta zur Seite nehmen.**
4. Eine flache Auflaufform mit 1 EL Butter auspinseln und die warme Polenta ca. 1,5 cm hoch einfüllen. Glatt streichen und abkühlen lassen.
5. Das Obst waschen, ggf. entkernen und mit dem Stabmixer zu einer glatten Soße pürieren.
6. **Die Babypolenta mit 100 g Fruchtsoße und dem Mandelmus vermengen.**
7. Die restliche erkaltete Polenta in ca. 3 cm breite und 6 cm lange Stücke schneiden.
8. Die übrige Butter in einer Pfanne leicht erhitzen und die Polentaschnitten darin von beiden Seiten goldbraun anbraten.
9. Die noch warmen Schnitten mit Zucker bestreuen und mit der Fruchtsoße servieren.

Polenta lässt sich in der Beikostzeit vielseitig verwenden, ob für süße oder herzhafte **Breie** oder wie hier als Schnitten für das erste **Fingerfood.**

INFO

APRIKOSEN-GRIESS-BREI

50 g Aprikose
30 g (ca. 3 EL) Dinkelgrieß (oder Dinkel-TAU)
200 ml Vollmilch (3,5 % Fett)

20 MINUTEN
VEGETARISCH

1. Die Aprikosen waschen und entkernen. In mundgerechte Stück schneiden.
2. Den Grieß in der Milch aufkochen und evtl. noch 1–2 Minuten unter Rühren schwach köcheln lassen.
3. Die Aprikosenstücke hinzufügen und 10 Minuten quellen lassen. Dabei gelegentlich umrühren.

INFO

Ein **blitzschnell** zubereiteter Brei, der auch **älteren Kindern** sehr gut schmeckt.

BIRNEN-NUSS-RAHM-STRUDEL

200 g Dinkelmehl (Type 1050)
1 TL Butter
1 Prise Salz
1 Eigelb
1 TL Apfelessig oder anderer heller Essig
800 g Birnen
1 Eiweiß
100 g gemahlene Haselnüsse
100 g Naturjoghurt
Butter für das Backblech
100 ml Vollmilch
100 ml Sahne
1 Ei

30 MINUTEN
+ 75 MINUTEN
RUHE- UND BACHZEIT
FINGERFOOD
ERGIBT 1 STRUDEL
(CA. 8–10 STÜCK)

1. Aus dem Mehl, der Butter, dem Salz, 6 EL heißem Wasser, dem Eigelb und dem Essig einen gleichmäßigen, glatten Teig kneten. Zu einer Kugel formen und unter einer angewärmten Schüssel 30 Minuten ruhen lassen.
2. Den Backofen auf 180 °C vorheizen.
3. Den Teig auf einem bemehlten Mull- oder Küchentuch fein ausrollen, mit den Händen ausziehen, bis er möglichst dünn ist.
4. Das Eiweiß steif schlagen und mit den Nüssen unter den Joghurt ziehen. Die Joghurtmasse auf den Teig streichen.
5. Die Birnen schälen, entkernen, klein schneiden und gleichmäßig darauf verteilen. Dann den Strudel vom breiten Ende her mithilfe des Tuchs aufrollen.
6. Den Strudel auf ein mit Butter gefettetes tiefes Backblech legen und bei 180 °C 45 Minuten backen.
7. Die Milch mit der Sahne und dem Ei verrühren und 25 Minuten vor Backzeitende über den Strudel gießen.

Varianten: Ein lecker gefüllter Strudel schmeckt Groß und Klein. Die Füllung können Sie variieren. Sehr fein schmecken auch **Äpfel, Mirabellen oder Zwetschgen.** Den Birnenstrudel nach Belieben mit Vanillesoße oder geschlagener Sahne servieren.

FAMILIENESSEN

TIPP

Die einzelnen Strudelstücke können hervorragend **eingefroren** und bei Bedarf aufgebacken werden.

INFO

Dieses Rezept ersetzt schon den gewohnten milchhaltigen Brei und bietet die Komponenten Getreide, Milch und Obst alternativ als **Fingerfood.** Sie können den Strudel als Nachmittagsgericht (und den Obstbrei dann zur Nacht) oder als Abendessen anbieten.

BACKREZEPTE UND FINGERFOOD

Sobald sich die **ersten Zähnchen** bemerkbar machen, haben viele Babys den Drang, an festen Nahrungsmitteln wie Keksen oder Waffeln zu lutschen und zu kauen. Sind die Zähnchen dann erst mal da, möchten die Kleinen diese auch einsetzen und knabbern begeistert an harten Plätzchen oder Zwieback.
Handelsübliche Backwaren enthalten häufig zu viel Zucker und überflüssige Zusatzstoffe und sind deshalb nicht für die Kinder geeignet. In diesem Kapitel finden Sie eine Auswahl an Rezepten, die **alle sehr wenig Zucker** und keine überflüssigen Zusatzstoffe enthalten. Probieren Sie sie aus – und Sie können das „Backwerk“ mit gutem Gewissen Ihrem Kind für die ersten Knabberversuche geben.

Ein wichtiger Hinweis: Setzen Sie die Knabbereien sinnvoll und mit Bedacht ein. Sie sind nicht zum Dauerlutschen geeignet und kein Ersatz für eine ausgewogene Mahlzeit.

TIPP

Geben Sie Ihrem Kind das Gebäck nicht, um es zu trösten oder es zu beruhigen. Es würde sich zu schnell daran gewöhnen und würde bei jeder Gelegenheit süße Leckereien einfordern.

FEINE DINKEL-MILCH-BREZELN

AB DEM 6. MONAT

20 g frische Hefe
300 ml lauwarme Vollmilch
500 g Dinkelmehl (Type 1050)
1/2 TL Salz
100 g Butter

30 MINUTEN
+ 80 MINUTEN RUHE- UND BACKZEIT
12 BREZELN
FINGERFOOD

1. Die Hefe mit etwas warmer Milch in einer Tasse verrühren und ca. 10 Minuten an einem warmen Ort stehen lassen.
2. Das Mehl abwiegen, in eine große Schüssel geben, in die Mitte eine Mulde eindrücken und das Salz hinzufügen.
3. Die restliche Milch lau erwärmen, die Butter in kleinen Stücken dazugeben.
4. Die vorgegärte Hefemilch in die eingedrückte Mehlmulde schütten. Zusammen mit dem lauwarmen Milch-Butter-Gemisch mit den Knethaken eines Handrührgeräts zu einem lockeren Hefeteig kneten. Diesen mit einem Küchentuch bedecken und an einem warmen Ort weitere 30 Minuten gehen lassen. Dabei sollte der Teig das doppelte Volumen annehmen.
5. Den Teig nochmals durchkneten, in 12 gleich große Stränge unterteilen und daraus Brezeln formen.
6. Die Brezeln auf ein gefettetes Backblech legen und noch mal 15 Minuten gehen lassen.
7. Den Backofen auf 180 °C vorheizen und die Brezeln nach dem Gehen darin auf der mittleren Schiene ca. 20 Minuten goldbraun backen.

TIPP

Brezeln sind bei kleinen Knabbermäusen sehr beliebt. Sie liegen **gut in der Hand** und lassen sich auch schon ohne Zähne gut **einspeicheln.** Hier eine gesunde Variante mit wertvollem Dinkelmehl und ganz ohne Lauge.

OMA MONIS BISKUITWAFFELN

AB DEM 8. MONAT

25 g Butter
1 Ei
20 g Zucker
50 ml Mineralwasser mit Kohlensäure
100 g Dinkelmehl (Type 1050)
1 TL Backpulver
Öl für das Waffeleisen

15 MINUTEN
+ 15 MINUTEN BACKZEIT
6 KLEINE WAFFELN
FINGERFOOD

1. Die Butter in einem kleinen Topf zerlassen.
2. Das Ei trennen. Das Eigelb mit 3 EL heißem Wasser mit einem Schneebesen schaumig schlagen. Zwei Drittel des Zuckers hinzufügen und zu einer cremigen Masse schlagen.
3. Das Eiweiß mit einem Handrührgerät steif schlagen und den restlichen Zucker unterrühren. Das Mineralwasser mit einem Schneebesen locker unter die Eigelbmasse rühren. Den Eischnee auf die Eigelbcreme geben.
4. Das mit Backpulver gemischte Mehl über den Eischnee sieben.
5. Mehl und Eischnee behutsam unter die Eigelbcreme ziehen, nicht rühren!
6. Die flüssige, abgekühlte Butter nach und nach unter den Teig ziehen.
7. Ein Waffeleisen mit etwas Öl bepinseln und eine Kelle Teig hineingießen. Die erste Waffel backen, bis sie leicht knusprig, aber noch nicht gebräunt ist. Mit dem übrigen Teig ebenso verfahren.
8. Die fertigen Waffeln abkühlen und über Nacht an der Luft etwas hart werden lassen.

Varianten: Wenn Sie etwas **weichere Waffeln** bevorzugen, geben Sie etwas mehr Mineralwasser oder einen Schluck Milch in den Teig, bis er leicht vom Löffel fließt.
Sollten dagegen die **Waffeln richtig knusprig** werden, reduzieren Sie das Mineralwasser und geben Sie den festeren Teig mit einem Esslöffel in das Waffeleisen. Nach Belieben können Sie die Zuckermenge variieren oder die Waffeln ganz zuckerfrei backen.

ZWIEBACK

AB DEM 8. MONAT

500 g Dinkelmehl (Type 1050)
30 g weiche Butter
20 g frische Hefe
250 ml Vollmilch (3,5 % Fett)
10 g Zucker
1 Prise Salz
etwas Butter für die Form

30 MINUTEN
+ 30 MIN. + 1 TAG RUHEZEIT
+ 1 1/2 STUNDEN BACKZEIT
CA. 40 STÜCK
FINGERFOOD

1. Das Mehl auf eine Arbeitsfläche sieben und in die Mitte eine Mulde drücken. Die Butter in Flöckchen in die Mulde geben.
2. Die Hefe zerbröseln und zur Butter geben.
3. Die Milch etwas erwärmen (handwarm) und mit dem Zucker und dem Salz zu der Butter und der Hefe in die Mehlmulde geben.
4. Alle Zutaten zu einem glatten Teig kneten.
5. Den Teig abgedeckt an einem warmen Ort ca. 30 Minuten gehen lassen. Den Backofen auf 150 °C (Ober-/Unterhitze) vorheizen. Den Teig noch einmal gründlich kneten und in eine gefettete Kastenform geben.
6. Den Teig im heißen Ofen auf der mittleren Schiene ca. 45 Minuten backen, bis er leicht hell gebräunt ist.
7. Anschließend abkühlen lassen und in 1 cm dicke Scheiben schneiden. Die Scheiben auf einen Backofenrost legen und über Nacht ruhen lassen.
8. Die Zwiebackscheiben am nächsten Tag bei 150 °C ca. 15 Minuten backen, dabei evtl. wenden.

Variante: Möchten Sie lieber **kleine Zwiebackstücke**, können Sie den Teig vor dem Backen in zwei Hälften teilen. Diese zu 3 cm dicken Rollen formen. Die Rollen auf ein mit Backpapier belegtes Blech setzen und ca. 30–40 Minuten bei 150 °C backen. Anschließend vorgehen wie obenstehend beschrieben.

TIPP

Gut verschlossen gelagert sind die **Zwiebackscheiben 2 Wochen haltbar.** Bei Bedarf können sie im Toaster erneut knusprig gebacken werden.

INFO

Der **Zwieback** ist ein tolles **Knabbergebäck** für die ersten Zähnchen.

TOMTES DINKELPFANNKUCHEN

AB DEM 8. MONAT

1 Ei
75 ml Vollmilch (3,5 % Fett)
60 g Dinkelmehl (Type 1050)
60 ml Mineralwasser mit Kohlensäure
Öl zum Backen

15 MINUTEN
+ 15 MINUTEN BACKZEIT
ERGIBT 3–4 STÜCK
FINGERFOOD

1. Das Ei aufschlagen und mit einem Schneebesen verquirlen.
2. Die Milch schluckweise unter Rühren dazugeben. Das Mehl dazusieben und unterrühren.
3. Das Mineralwasser mit einem Schneebesen zügig unterrühren.
4. Eine Pfanne mit etwas Öl auspinseln und erhitzen.
5. Eine Kelle Teig in die Pfanne geben und bei mittlerer Hitze einen Pfannkuchen ausbacken. Dabei einmal wenden.
6. Mit dem restlichen Teig in derselben Weise weiterverfahren, dabei gelegentlich etwas Öl in die Pfanne geben.
7. Die Pfannkuchen vor dem Verzehr abkühlen lassen.
8. Nach Geschmack dünn mit Marmelade oder Fruchtsauce bestreichen.
9. Vor dem Essen zusammenrollen und in etwa 3 cm lange Stücke schneiden.

Variante: Füllen Sie die Pfannkuchen mit **Spinat**, dann haben Sie ein ebenso köstliches wie allgemein beliebtes Mittagessen.

Die weichen Pfannkuchen sind ein Leckerbissen und optimal für **die ersten Essversuche** aus der Hand. Sie sind besonders beliebt zum **Frühstück** für die ganze Familie oder in Frischhaltefolie gewickelt ein praktischer **Happen für unterwegs.**

TIPP

DINKEL-MAIS-TOASTBROT

AB DEM 9. MONAT

250 ml Vollmilch
10 g Hefe
300 g Dinkelmehl (Type 1050)
100 g Maismehl, fein gemahlen
1 TL Salz
30 g weiche Butter
Butter für die Form

30 MINUTEN
+ 135 MINUTEN
RUHE- UND BACKZEIT
ERGIBT 1 KASTENFORM
FINGERFOOD

1. Die Milch lau erwärmen.
2. Die Hefe in 50 ml Milch auflösen und zugedeckt an einem warmen Ort 15 Minuten gehen lassen.
3. Das Mehl in eine Schüssel sieben. Die restliche Milch, das Salz, die Butter und die aufgelöste Hefe untermischen und alles zu einem glatten Teig verkneten. Diesen zugedeckt an einem warmen Ort 1 Stunde gehen lassen.
4. Den Teig erneut gut durchkneten, in die gebutterte Form geben und zugedeckt nochmals 30 Minuten gehen lassen.
5. Den Backofen auf 200 °C vorheizen.
6. Das Toastbrot mit einem Messer längs ca. 5 mm tief einschneiden, dann im Backofen auf der untersten Schiene 30 Minuten goldbraun backen.
7. Aus der Form nehmen und im ausgeschalteten Backofen noch 10 Minuten ruhen lassen.

Möchten Sie Zeit sparen, backen Sie gleich zwei Brote gleichzeitig aus der **doppelten Menge** und frieren Sie eines davon ein.

TIPP

FAMILIENESSEN

TOASTBROT MIT MANDELMUS-APFEL-KOMPOTT

AB DEM 9. MONAT

100 g Apfel
100 g ungesüßtes Mandelmus
1 Prise Ceylon-Zimt
Ahornsirup oder Honig nach Bedarf
6 dünne Scheiben Camembert oder Brie
4 Scheiben Toastbrot (→ S. 156)

15 MINUTEN
ERGIBT 4 BELEGTE TOASTSCHEIBEN
FINGERFOOD

1. Den Apfel schälen, entkernen und in kleine Stücke schneiden. Mit 50 ml Wasser in einem Topf 5 Minuten köcheln lassen. Abkühlen lassen und mit dem Stabmixer fein pürieren.
2. **Das Apfelmus mit dem Mandelmus verrühren und für das Baby 50 g zur Seite nehmen.**
3. Das restliche Mandelmus-Apfel-Kompott mit dem Zimt und nach Bedarf mit Ahornsirup bzw. Honig abschmecken.
4. **Für das Baby eine weiche Toastscheibe mit dem ungewürzten Mandelmus-Apfel-Kompott bestreichen und in mundgerechte Stücke schneiden.**
5. Die restlichen Toastscheiben goldgelb toasten, mit den Käsescheiben und dem gewürzten Mandelmus-Apfel-Kompott bestreichen und vor dem Servieren diagonal in Dreiecke schneiden.

TIPP

Das gesunde **Mandelmus** findet als **Zugabe** auch in manchem Babybrei Verwendung. Hier dient es als leckerer Brotaufstrich fürs erste **Fingerfood.**

Möchten Sie Ihr Baby vor dem 2. Lebensjahr Essen probieren lassen, dann müssen Sie den Honig durch andere geeignete Süßungsmittel ersetzen (→ Tipp S. 100).

APFELBRÖTCHEN

AB DEM 10. MONAT

50 g Butter
150 ml Apfelsaft
300 g Dinkelmehl (Type 1050)
200 g Haferflocken
20 g frische Hefe
2 Äpfel (z. B. Jonagold, Boskop)

30 MINUTEN
+ 45 MINUTEN RUHEZEIT
+ 20 MINUTEN BACKZEIT
CA. 10–15 STÜCK
FINGERFOOD

1. Die Butter mit dem Apfelsaft in einem Topf erwärmen, bis die Butter geschmolzen ist.
2. Das Mehl, die Haferflocken und die Hefe in eine Schüssel geben und miteinander vermengen.
3. Mit dem Butter-Zucker-Saft-Gemisch zu einem glatten Teig verkneten.
4. Die Äpfel waschen, schälen und das Kerngehäuse entfernen. In kleine Würfel schneiden und unter den Teig kneten. Abgedeckt an einem warmen Ort ca. 30 Minuten gehen lassen.
5. Den Teig nochmals gründlich kneten und kleine Brötchen formen. Diese jeweils im Abstand von 3 cm auf ein mit Backpapier belegtes Blech setzen und 15 Minuten an einem warmen Ort gehen lassen.
6. Den Backofen auf 200 °C (Ober-/Unterhitze) vorheizen.
7. Die Brötchen mit Wasser benetzen und auf der mittleren Schiene im heißen Ofen etwa 20 Minuten backen. Vor dem Verzehr abkühlen lassen.

TIPP

Schmackhafte Brötchen, die die **ganze Familie** lieben wird.

SAFTIGER KÜRBISSCHMARREN

FAMILIENESSEN

AB DEM 10. MONAT

120 g Hokkaidokürbis
1 TL Butter
2 Eier
Salz
1 EL Zucker
abgeriebene Schale von 1/2 Biozitrone
100 ml Milch
100 ml Kokosmilch
70 g Dinkelmehl (Type 1050)
3 TL natives Kokosfett

45 MINUTEN
FINGERFOOD

1. Den Kürbis waschen, die Kerne entfernen und das Fruchtfleisch auf einer Küchenreibe oder in der Küchenmaschine raspeln.
2. Die Butter in einer Pfanne zerlassen und den Kürbis 5 Minuten dünsten.
3. Die Eier trennen. Das Eiweiß mit einer Prise Salz steif schlagen. Das Eigelb mit dem Zucker und dem Zitronenabrieb schaumig rühren.
4. Die Milch und die Kokosmilch unter die Eigelbmasse rühren, Mehl darübersieben und alles zu einem feinen Teig rühren.
5. Den Kürbis und den Eischnee mit einem Schneebesen locker unter den Teig ziehen.
6. Den Backofen auf 80 °C (Ober-/Unterhitze) vorheizen.
7. 1 TL Kokosfett in einer Pfanne erhitzen und ein Drittel des Teiges einfüllen. Bei mittlerer Hitze von beiden Seiten je 2–3 Minuten backen, anschließend mit zwei Gabeln locker auseinanderzupfen.
8. Den fertigen Schmarrn mindestens 10 Minuten im Backofen nachziehen lassen.
9. Mit dem übrigen Teig ebenso verfahren.

Eine raffinierte Schmarrenvariation, bei der nur ein wenig **gesundes Gemüse** „hineingemogelt" wird. Das schmeckt auch kalt als **Kindergartensnack** oder für unterwegs. Dazu passt sehr gut Apfelkompott.

TIPP

HEIDELBEER-APFEL-MUFFINS

AB DEM 11. MONAT

nach Belieben 20–50 g Zucker
125 g Butter (Zimmertemperatur)
150 g Naturjoghurt
50 ml Apfelsaft
2 Eier
1 Msp. Bourbonvanillepulver
250 g Dinkelmehl (Type 1050)
50 g Haferflocken, zartblättrig
3 TL Backpulver
100 g Apfel
150 g Heidelbeeren

1. Den Zucker mit der weichen Butter verrühren. Dann Joghurt, Saft, Eier und Vanillepulver unterrühren.
2. Mehl, Haferflocken und Backpulver mischen und unter die Joghurtcreme rühren.
3. Den Apfel waschen, entkernen und raspeln. Die Heidelbeeren waschen und verlesen.
4. Das Obst locker unterheben.
5. Den Backofen auf 200 °C vorheizen.
6. Ein Muffinblech bzw. 12 Förmchen zu jeweils etwa zwei Drittel mit Teig füllen und sofort in den Backofen geben.
7. Die Muffins 25 Minuten backen, danach noch ca. 5 Minuten auskühlen lassen.

Variante: Das **Obst** kann beliebig variiert werden, verwenden Sie doch einmal Johannisbeeren oder kleine, kernlose Trauben. Anstelle der Haferflocken können Sie auch dieselbe Menge gemahlener **Nüsse** nehmen.

20 MINUTEN
+ 30 MINUTEN BACKZEIT
12 STÜCK
FINGERFOOD

TIPP

Die leckeren und gesunden Muffins sind besonders zum ersten Kindergeburtstag sehr beliebt. Sie halten sich in einer Brotbox zwei Tage oder können einzeln **eingefroren** und bei Bedarf aufgetaut werden.

HEIDELBEER-APFEL-MUFFINS (→ REZEPT S. 163)

GESUND ESSEN WIE DIE GROSSEN: ERNÄHRUNG IM 2. LEBENSJAHR

GESUNDE ERNÄHRUNG VON KLEIN AUF

Der Übergang von der Beikost- und Breizeit zu einer gesunden und ausgewogenen Kinderkost stellt für viele Familien eine große Herausforderung dar. Kleinkinder haben nun alle Fähigkeiten zum Essen entwickelt, können oft schon geschickt mit Löffel und Gabel umgehen und sind ungemein neugierig auf die vielen Nahrungsmittel und Speisen, die ihnen angeboten werden. Daher ist es wichtig, Kinder in den ersten Lebensjahren an eine **natürliche, ausgewogene und gesunde Kost** sowie einen **entspannten, aber bewussten Umgang mit Lebensmitteln** heranzuführen. Diese ersten Ess- und Geschmackserfahrungen prägen ein Leben lang und stellen die Weichen für gesunde Ernährungsgewohnheiten. „Geboren wird nicht nur das Kind durch die Mutter, sondern auch die Mutter durch das Kind." Dieses schöne Zitat von Gertrud von le Fort (1876–1971) lässt sich ebenso auf die Ernährung von Kindern übertragen. Auch die **Eltern und Erziehungsberechtigten** sind gefordert, sich wieder auf neue, vielleicht ungewohnte Geschmackseindrücke einzulassen, ihr Ernährungsverhalten zu reflektieren und ihre Gaumen auf Entdeckungsreise zu schicken.

TIPP

"Erziehung ist Vorbild und Liebe." (Pestalozzi) In den ersten Lebensjahren prägt sich das Essverhalten von Kindern nach dem Vorbild der „Großen".

Kinder wollen in den ersten Lebensjahren vor allem eines: entdecken, erleben und nachahmen. Deshalb ist es von entscheidender Bedeutung, dass die betreuenden Personen, ob Eltern, Großeltern, Geschwister oder auch Erzieherinnen und Erzieher, mit gutem Beispiel vorangehen und ein gesundes Ernährungsverhalten aktiv vorgelebt und umgesetzt wird. Nehmen Sie sich also Zeit für gemeinsame Mahlzeiten und genießen Sie mit Ihrem Kind dessen kulinarisches Abenteuer.

AUSWAHL UND ZUSAMMENSTELLUNG DER LEBENSMITTEL

Ermöglichen Sie Ihrem Kind im Laufe des 2. Lebensjahres den ungezwungenen Umgang mit Trinkglas und Besteck. Es will doch schon zu den „Großen" gehören.

Mehr zu Auswahl und Zusammenstellung der Lebensmittel finden Sie im hinteren Buchumschlag.

INFO

Verschiedene auf dem Markt befindliche Ernährungsmodelle helfen bei der Auswahl und Zusammenstellung unserer Nahrungsmittel. Sie zeigen in anschaulicher Weise, in welchen Mengen die Lebensmittel für eine gesunde und ausgewogene Ernährung von Bedeutung sind. Dabei gilt: **Die richtige Mischung und die richtige Menge machen eine gesunde Ernährung aus.**
Oftmals werden die Mengen für Kinder ganz falsch eingeschätzt. Mit der **Hand-Portionsgröße** (→ S. 24) haben Sie ein ungefähres Maß, wie viel Ihr Kind über den Tag aus den einzelnen Lebensmittelgruppen benötigt. So ist etwa der Bedarf an Obst und Gemüse mit 2 Apfelschnitzen, 1 Handvoll Beeren, 1 Karotte, 1 mittelgroßen Tomate und 1–2 EL Erbsen ausreichend abgedeckt. Daneben ist die erlaubte Menge an Süßigkeiten mit 5 Gummibärchen und 1 Keks oder 1 kleinen Stück Kuchen auch schnell erreicht.

Süßigkeiten, Fertigprodukte	max. 1 Portion
Weißmehlprodukte	max. 1 Portion
Milch, Milchprodukte, Fisch, Fleisch, Eier, Hülsenfrüchte	2–3 Portionen
Vollkorngetreideprodukte, Kartoffeln	3–4 Portionen
Obst und Gemüse, zubereitet mit nativen Pflanzenölen	5 Portionen
Getränke	6 Gläser à 150 ml

DAS KANN ICH SCHON SELBER

Im Laufe des 2. Lebensjahres erlernen die meisten Kinder das **freie Trinken** aus dem Glas und den **Umgang mit Löffel und Gabel.** Ganz nach dem Vorbild der Großen und wie sie es sich am Fa-

milientisch abgeschaut haben, versuchen die kleinen Esser, nun auch ihre Nahrung mit Besteck, Trinkglas, Essstäbchen und anderen Hilfsmitteln einzunehmen. Unterstützen Sie das, indem Sie Ihrem Kind rechtzeitig **geeignetes Kinderbesteck** geben und es damit hantieren lassen. Auch die ersten einhändigen Trinkversuche stellen einen hohen Anspruch an Koordination und Balance. Nach und nach klappt es immer besser und Mamas oder Papas Lob ist die schönste Belohnung. Ein **Lätzchen oder Handtuch** sorgt für fleckenfreie Kleidung und ermöglicht den entspannten, spielerischen Umgang mit Tomatensauce, Joghurt und Co. Für Tischmanieren ist noch Zeit. Werden die Nudeln kalt, bevor der Hunger gestillt ist, dürfen ruhig jederzeit die Hände mithelfen.
„Mit dem Essen spielt man nicht." Dieser Satz klingt vielen von uns in den Ohren und liegt uns als Eltern schnell auf der Zunge, wenn am Tisch fleißig bunte Gemüse- und Brottürmchen gebaut und umgeschmissen, das Brot in viele kleine Stückchen zerbröselt, die Nudeln zerkaut, wieder ausgespuckt und erneut in den Mund gesteckt werden. Doch das „Spielen", der entdeckerische und sinnliche Umgang mit Nahrungsmitteln, das Genießen mit allen Sinnen ist gerade in den ersten Lebensjahren immens wichtig und wertvoll für eine gesunde Entwicklung und einen unbeschwerten Umgang mit unserem Essen.

TIPP

Wenn Sie die Möglichkeit haben, können Sie ab einem gewissen Alter Ihr Kleinkind **Früchte selbst vom Strauch pflücken lassen.** Das macht Spaß und ist ein interessanter Lernprozess.

Fassen, ertasten, drücken, drapieren: Lassen Sie den Fingern freien Lauf beim Erleben der Nahrungsmittel.

INFO

Fingerfood ist in – und das nicht nur während der Beikostzeit. Trainiert Ihr Kind anfangs fleißig die Koordination von Sehen, Fassen und In-den-Mund-Führen, so erlebt es dabei auf sinnliche Weise, wie verschiedene Speisen sich anfühlen und handhaben lassen. Wohl kein Kind – und auch kein Erwachsener –, dem es keine Freude bereitet, belegte Schnittchen, zarte Fleischstücke, knuspriges Brot oder knackige Gemüsestückchen zu erfühlen und genussvoll in den Mund zu führen! Das hat nichts mit schlechten Tischmanieren zu tun, sondern es ermöglicht uns, die Konsistenz und Form von Nahrungsmitteln schon mit den Fingern zu erspüren und unseren Gaumen darauf vorzubereiten. Die klassische „Brotzeit", das Raclette, Fondue oder auch Fast Food sind doch deshalb so schön, weil wir dabei kreativ und sinnlich unsere Speisen drapieren, ertasten, befühlen, sie mit dem Mund kauen, damit schmatzen und uns danach die Finger lecken können – und das Essen so zum Erlebnis für alle Sinne wird.

Eine weit verbreitete Erscheinung ist der Trend zu den sogenannten „Quetschies": Sowohl von der Industrie als Fertigprodukt angeboten als auch selbst zubereitet, werden als vermeintlich gesunde Zwischenmahlzeit für Kinder diverse **Obstpürees** angeboten, die **direkt aus der Packung gesaugt werden.** Bedenken Sie dabei aber: Ihr Kind benötigt die Erfahrung aller Sinne, des Anfassens, In-den-Mund-Steckens und vor allem auch der Kauarbeit. Zähne und Kiefermuskulatur wollen benutzt und gekräftigt werden! Außerdem enthalten die Fruchtpürees eine Menge Zucker und Säuren, die ohne gründliche Kauarbeit und Speichelfluss einen entscheidenden Beitrag zur Kariesbildung leisten können.

Mitentscheiden und mitmachen: Das ist für die Kleinen ganz besonders wichtig. Ein sicherer Arbeitsplatz und kleine Kompromisse ermöglichen gemeinsame Kocherlebnisse.

INFO

Geben Sie Ihrem Kind schon frühzeitig die Gelegenheit, mitzuentscheiden und mitzumachen. Lassen Sie es beim Einkaufen sein Lieblingsobst in den Wagen legen oder die Brotsorte bestimmen. Vielleicht bereiten Sie zum Frühstück einen bunten Obstsalat vor und Ihr Kind darf sich die Früchte aus dem Obstkorb aussuchen. Mit einem stumpfen Obstmesserchen oder ungefährlichem Plastikbesteck können auch recht kleine Zwerge weiche Bananenstückchen oder Tomatenschnitze schneiden und süßen Fruchtaufstrich oder herzhaften Frischkäse auf Brotstückchen schmieren. Mit einem standsicheren Hocker an der Arbeitsfläche kann Ihr Kind schon früh aktiv am Kochen teilhaben, sofern

keine scharfen oder heißen Gegenstände und Speisen in Reichweite sind. Wenn der kleine Held der Küche dann auch noch seine eigene Kochschürze bekommt, muss das selbst zubereitete Essen doch einfach nur gut schmecken und Spaß machen.
Wenn Platz vorhanden ist, können Sie Ihrem kleinen Kochkünstler seine eigene kreative Ecke schaffen, sei es mit einer vorgefertigten **Kinderküche** oder einem kleinen Tischchen sowie entsprechendem „Werkzeug". Natürlich nicht im abseits gelegenen Kinderzimmer, sondern an Ihrer Seite, am Ort des Geschehens. Bewahren Sie leere Gewürzstreuer und Döschen auf und befüllen Sie sie z. B. mit bunten getrockneten Blüten, Rosinen oder Backerbsen. Ein kleiner Teller mit verschiedenen Obst- und Gemüseschnitzen macht Lust zum Selberrühren, Wenden, Umfüllen und Naschen. Ein waschbarer Vorleger oder eine rutschfeste Plastiktischdecke schützen den Fußboden vor Kleckereien und nachhaltigen „Erinnerungen".

Und sollte doch einmal die Mehlpackung oder die Nudelvorratsdose in die falschen (Kinder-)Hände geraten sein, ein **Handstaubsauger** ist schnell griffbereit und beseitigt das größte Chaos im Nu. Manchmal genügt auch ein Papierschnitzel, ein Stück Holz oder die bloße Vorstellungskraft und es wird mit Feuereifer das Lieblingsgericht gekocht und allen Stofftieren, Puppen, Geschwistern und den Eltern serviert. Unterstützen Sie diese fantasievollen Rollenspiele.

EXTRA: ALLERGIEPROPHYLAXE

TIPP

Viele Allergene werden beim Kochen unschädlich gemacht.

WAS IST EINE ALLERGIE?

Unter einer Allergie versteht man in der Medizin eine Fehlreaktion bzw. eine Überreaktion des Immunsystems auf normalerweise unschädliche Substanzen. Solche Reaktionen treten leider auch bei Nahrungsmitteln auf. In der Regel sind es **Eiweißverbindungen**, die zu Allergien führen: im Baby- und Kindesalter vor allem Kuhmilch und Ei, gelegentlich auch Fisch, Soja, Weizen, Nüsse und – selten – einige Obst- und Gemüsesorten. Zum Glück jedoch gibt es echte Lebensmittelallergien nicht besonders häufig, denn nur etwa 4–6 % der Kinder unter drei Jahren sind davon betroffen.

Allergien äußern sich auf verschiedene Weise: durch **Symptome** wie Hautausschläge und Ekzeme, durch allergischen Schnupfen, Atembeschwerden, Bauchschmerzen, Übelkeit und Durchfall. In Ausnahmefällen kann es zu Atemnot und allergischem Schock kommen. Bei entsprechender Veranlagung wird eine solche allergische Reaktion beim ersten Kontakt mit dem fremden Eiweiß ausgelöst. Der Körper reagiert mit der Bildung von Antikörpern auf diesen Fremdstoff. Bei einem weiteren Kontakt treten unabhängig von der Menge, das heißt auch schon bei geringen Spuren, die entsprechenden allergischen Symptome auf.

Bei bestimmten Nahrungsmittelunverträglichkeiten lassen sich die unangenehmen Auswirkungen allerdings durch Kochen vermeiden, denn viele Eiweiße reagieren äußerst empfindlich auf Hitzeeinwirkung – was vor allem bei den gängigen Obst- und Gemüseallergenen der Fall ist.

In den ersten Lebensmonaten sind Haut und Darmschleimhaut des Säuglings noch sehr durchlässig für Fremdstoffe. Ein zu früher Beikostbeginn vor dem 5. Monat, möglicherweise auch Hautkontakt (insbesondere bei Kindern mit Ekzemen oder Neurodermitis) kann eine Allergieentstehung fördern.

INFO

WAS TUN BEI ALLERGIEGEFÄHRDETEN KINDERN?

Leidet mindestens einer aus der Familie (Eltern oder Geschwister) nachweislich an einer Allergie, so gilt ein Kind als **allergiegefährdet.** Das bedeutet jedoch lediglich, dass es von seiner **Veranlagung** her ein höheres Risiko trägt, eine Allergie auszubilden, ohne dass es zwangsläufig dazu kommen muss.

Bei Säuglingen haben Eltern allerdings berechtigterweise Angst davor, weil in den ersten Lebensmonaten die Haut- und Darmbarriere, die später einen natürlichen Schutz gegen Fremdstoffe bildet, noch nicht ausgereift ist. Somit können leichter Fremdeiweiße die Barrieren überwinden und auf diese Weise Allergien auslösen. Ein Grund übrigens, **nicht vor dem 5. Monat** mit der Beikost zu beginnen.

Ansonsten aber gibt es für allergiegefährdete Kinder nach heutigem Erkenntnisstand hinsichtlich der **Beikost** nur wenige Besonderheiten:

- Bei der Fütterung der ersten Breie sollten zuerst nur **gut verträgliche Nahrungsmittel** verwendet werden.
- **Neuerungen** führen Sie zumindest zu Beginn der Beikost zunächst **behutsam und eventuell protokolliert** ein, sodass sich etwaige allergische Reaktionen schnell entdecken und auf ihren Verursacher zurückführen lassen.
- Vielfältiger und vor allem regelmäßiger Kontakt zur möglichen Allergieauslösern scheint die Toleranzentwicklung zu fördern.
- Weil **Muttermilch** für den Aufbau einer gesunden Darmbarriere besonders wichtig ist, sollte auch während der Beikosteinführung weiter gestillt werden. Grundsätzlich darf so lange begleitend gestillt werden, wie es von Mutter und Kind gewünscht wird!

Eine praktische Hilfe für sensible Kinder bietet ein individuell ausfüllbarer **Beikostplan** (z. B. unter www.natalie-stadelmann.de). Dokumentieren Sie darin alle Lebensmittel, die Sie neu einführen, genau und machen Sie Notizen zu

TIPP

Stillen stärkt die Darmbarriere und das Immunsystem

den Reaktionen Ihres Babys. Haben Sie den Verdacht, dass Ihr Kind ein Nahrungsmittel nicht verträgt, ziehen Sie Ihren Kinderarzt/Ihre Kinderärztin zurate.

Eine **von vornherein allergenarme „Diät"** ist hingegen **nicht von Nutzen**, im Gegenteil. Das Immunsystem Ihres Kindes profitiert von der frühzeitigen Auseinandersetzung mit Allergenen. Auf diese Weise nämlich trainiert der Körper den Umgang damit und kann möglicherweise sogar dem Ausbruch einer Allergie vorbeugen. Früher sah man das anders: Da verzichtete man weitgehend darauf, Kindern im 1. Lebensjahr evtl. allergieauslösende Lebensmittel zu geben. Mit Einführung der „S3 Leitlinie Allergieprävention" hat sich in dieser Hinsicht einiges verändert und die Empfehlungen gehen heute von der Allergenkarenz hin zur **Toleranzentwicklung.** Für die Babyernährung bedeutet das, potenzielle Allergieauslöser nicht mehr generell zu meiden, sondern vielmehr sogar den regelmäßigen Kontakt damit zu suchen, damit sich das kindliche Immunsystem frühzeitig mit diesen Stoffen auseinandersetzt und lernt, diese als unschädlich zu erkennen.

Vielfalt erwünscht!
Allergenarme Babydiäten hat man früher empfohlen. Heute dürfen und sollen Babys in der Beikost verschiedene Nahrungsmittel kennenlernen.

INFO

Allergien wirksam vorbeugen:

- Ermöglichen Sie Ihrem Kind ab Beikostreife, spätestens mit 6–8 Monaten, den vielfältigen und regelmäßigen Kontakt zu unterschiedlichen Lebensmitteln.
- Sorgen Sie für ein gesundes, schadstofffreies Wohnklima.
- Unterstützen Sie das Training des kindlichen Immunsystems. Betreiben Sie keine übertriebene Hygiene.

Besonders häufig haben Eltern bezüglich der Gabe von **Kuhmilch** Bedenken. Diese sollten Sie im 1. Lebensjahr nicht als Getränk anbieten, sondern nur für die Zubereitung des Milch-Getreide-Breis verwenden – und nicht mehr als 200 ml am Tag. Bei einem sehr frühen Beikoststart und der Einführung des Milchbreis im 5./6. Lebensmonat können Sie den Brei anfangs auch mit Muttermilch oder spezieller Ersatzmilch anrühren. Ist das Kind ein halbes Jahr alt, gibt es jedoch keine allgemeine Empfehlung zur kuhmilchfreien Ernährung mehr.

Zwei Dinge darf man jedoch nicht verwechseln: eine Kuhmilchallergie und die häufiger verbreitete und vor allem im Erwachsenenalter auftretende **Laktoseintoleranz.** Bei dieser Unverträglichkeit wird der in der Milch enthaltene Zucker aufgrund eines relativen Enzymmangels im Darm nicht mehr vollständig abge-

PFIRSICH-DINKEL-BREI (→ REZEPT S. 124)

baut, wodurch es zu Beschwerden wie Blähungen und Durchfall kommt. Säuglinge haben von Natur aus viel von diesem Enzym, da Laktose reichlich in Muttermilch enthalten ist. Erst im Laufe des Heranwachsens kann es dann zu einer Abnahme der Laktoseverträglichkeit kommen. Aber selbst wenn im engeren Familienkreis eine Laktoseintoleranz vorliegt, braucht Ihr Baby nicht auf Kuhmilch zu verzichten.

MEIN KIND VERTRÄGT DEN BREI NICHT

Viele Babys reagieren im Laufe der Beikosteinführung auf das eine oder andere Lebensmittel mit einer Unverträglichkeit, deren Ursachen ebenso verschieden sein können wie die Symptome.
Ein häufiges Erscheinungsbild sind **Rötungen oder Ausschläge der Haut,** speziell im Windelbereich. Hier machen sich die Unverträglichkeiten aufgrund der in den meisten **Obstsorten** vorkommenden Säuren oft besonders bemerkbar. Gelegentlich beobachtete Auslöser sind Zitrusfrüchte, Südfrüchte oder Erdbeeren. Stellen Sie bei Ihrem Kind einen geröteten Po fest, gehen Sie der Frage nach, ob nicht ein neu eingeführtes Lebensmittel die Ursache sein könnte.
Ausschläge oder gar Ekzeme in den Innenbeugen der Arme, in den Kniegelenken, an Bauch oder Rücken können vielfältige Ursachen haben. Wurde eine Allergie ausgeschlossen, ist es sinnvoll, neben der Ernährung auch die Hautpflegeprodukte, die Kleidung sowie die allgemeinen Wohn- und Lebensumstände genauer zu betrachten.
Schreit Ihr Kind häufig, weil es von **Bauchschmerzen** geplagt wird, vermeiden Sie Lebensmittel wie Kohlarten, Erbsen, Hefeteigwaren oder zu viel Fruchtzucker. Sind die Bauchschmerzen begleitet von **Durchfall,** kann zu viel rohes oder unreifes Obst dahinterstecken.
Auch Kuhmilch führt bisweilen bei Babys zu Verdauungsbeschwerden und durchfallartigem Stuhl, wobei neben Qualität und Menge der **Zeitpunkt des Essens** eine Rolle spielen kann. Manche Kinder vertragen beispielsweise den Milchbrei am Abend nicht gut. In diesem Fall empfiehlt es sich, diesen tagsüber zu geben und abends einen gekochten Obst-Getreide-Brei zu füttern.
All das ist jedoch kein Grund zu ernsthafter Sorge! Bei derartigen Reaktionen, die beim ersten Essen auftreten und/oder abhängig

TIPP

Sollte sich wirklich eine Unverträglichkeit oder Allergie herauskristallisieren, lassen Sie sich nicht verunsichern. Besprechen Sie sich mit Ihrer Hebamme, Kinderarzt/-ärztin oder einer Ernährungsfachfrau für Babykost und suchen Sie gemeinsam nach dem besten Weg für Ihr Baby! Unterstützend können naturheilkundliche Maßnahmen wertvolle Hilfe leisten.

von der Menge sind, handelt es sich meist um bloße **Unverträglichkeiten**, keine Allergien.
Versuchen Sie, die entsprechenden Lebensmittel einzuschränken oder für einige Zeit zu meiden. Nach ein paar Wochen können Sie sie dann erneut vorsichtig testen.

MEIN BABY HAT EINE ALLERGIE

Ist bei Ihrem Säugling **einwandfrei eine Allergie festgestellt** worden, müssen Sie den Verursacher konsequent aus dem Speiseplan ausgrenzen. Aber keine Panik! Zum Glück verlieren sich viele Allergien innerhalb der ersten Lebensjahre wieder, sodass die Kinder diese Lebensmittel später ohne Einschränkungen essen dürfen.
Am häufigsten kommen bei Babys Kuhmilch- und Hühnereiallergie vor. Bei einer **Kuhmilchallergie** dürfen Sie, falls Sie nicht voll stillen, nur eine entsprechende Milchersatznahrung füttern. Milch von anderen Tierarten wie Ziegen oder Schafen ist nämlich ebenfalls nicht geeignet, da die Eiweiße denen der Kuhmilch stark ähneln. Hände weg auch vom „normalen" Milchpulver, denn alle diese Sorten enthalten als Basis in der Regel Milch- und Molkepulver. Pflanzlicher Ersatz wie Reis-, Hafer- oder Sojamilch kommt aufgrund seiner Nährstoffzusammensetzung nur unter bestimmten Bedingungen infrage.
Hinsichtlich der Beikost ist dies vor allem beim **Milch-Getreide-Brei** (→ S. 57) relevant. Bei Kuhmilchallergikern müssen Sie entweder Muttermilch oder spezielle Ersatzmilchnahrung wählen. Oder Sie ersetzen den Milch-Getreide-Brei durch Obst-Getreide-Brei und versorgen Ihr Kind durch Stillen oder geeignete Flaschennahrung mit der notwendigen Milchzufuhr. Lassen Sie sich im Falle einer Allergie auf jeden Fall von Ihrem Kinderarzt/Ihrer Kinderärztin, Ihrer Hebamme oder einer ausgebildeten Ernährungsfachkraft beraten, um Mangelerscheinungen von Anfang an vorzubeugen!
Da die Allergene schon in geringsten Mengen Symptome auslösen, muss bei einer Kuhmilchallergie übrigens auch konsequent auf die Verwendung von **Butter** verzichtet werden. Nehmen Sie stattdessen Pflanzenöle, Nussmus oder zum Braten und Backen natives Kokosfett. Falls Ihr Kind mit Kuhmilchallergie auch sensibel auf Kalb- und Rindfleisch reagiert, was allerdings selten vorkommt, müssen Sie die entsprechenden Zutaten für den fleisch-

TIPP

Im Rezeptteil finden Sie auch einige Backrezepte, die ohne Zusatz von Eiern auskommen (→ ab S. 151 ff).

haltigen Gemüsebrei meiden. Um eine Mangelversorgung zu vermeiden, ist in diesem Fall eine individuelle Ernährungsberatung notwendig. Lassen Sie sich von fachkompetenten Expert:innen begleiten.
Anders als bei einer Kuhmilchunverträglichkeit gibt es bei einer **Hühnereiallergie** für die Beikost kaum Einschränkungen. Lediglich bei Fertigbackwaren wie Keksen und Kuchen sowie bei Nudeln und Spätzle müssen Sie genau auf die Zutatenliste schauen.

WERTVOLLE TIPPS BEI ALLERGIEN

- Ein Ausschluss von Lebensmitteln auf eigene Vermutung und ohne Beratung birgt besonders in der sensiblen Wachstums- und Entwicklungsphase des Babyalters die **ernsthafte Gefahr einer Mangelernährung!** Ziehen Sie bei Unsicherheit immer Ihren Kinderarzt/Ihre Kinderärztin oder eine erfahrene Ernährungsberatung zurate.
- Eine naturheilkundliche Konstitutionsbehandlung kann helfen, überschießende oder falsch gerichtete Reaktionen wieder zu regulieren. Verschiedene **komplementärmedizinische Methoden** können zu einer Regulation und **Linderung der Beschwerden** führen. Bewährt haben sich unter anderem Phytotherapie, Bachblütentherapie, Traditionelle Chinesische Medizin (TCM), Homöopathie, Spagyrik oder Gemmotherapie. Suchen Sie sich dafür **in jedem Fall professionelle Hilfe** und besprechen Sie das Vorgehen mit Ihrer Kinderärztin/Ihrem Kinderarzt.
- Hilfreich ist der **Aufbau und Schutz einer gesunden Darmflora (Mikrobiota) und Darmschleimhaut.** Neben Aufspaltung und Verdauung unserer Nahrung und der Ausscheidung unerwünschter Nahrungsbestandteile stellen unser Darm und die Billionen guter Bakterien, die ihn besiedeln, eine effektive Barriereschicht gegen eine Vielzahl problematischer Stoffe dar. Nahezu 80 % unserer Immunzellen werden im Darm produziert, daneben wichtige Immunglobuline, und nicht umsonst wird der Darm als wesentlicher Bestandteil unseres **Immunsystems** bezeichnet. Hier bietet insbesondere das **Stillen** einen großen Vorteil, da die Muttermilch den Aufbau einer gesunden Darmmikrobiota unterstützt. Die Empfehlung ist daher: Stillen Sie wenn möglich mindestens 4–6 Monate voll und während der Beikostzeit so lange wie möglich , nach Empfehlung der S3-Leitlinie Stilldauer bis zum 1. Geburtstag und nach Belieben darüber hinaus..

- Achten Sie in den ersten Beikostmonaten auf einen **geringen Säuregehalt der Nahrungsmittel** (keine oder nur sehr wenig Zitrus- und Südfrüchte) und ausreichend **Ballaststoffe** (enthalten z. B. in Äpfeln und Beerenfrüchten). Hafer und Gerste enthalten Beta-Glukane, bestimmte Ballaststoffe, die Powernahrung für den Darm sind. Nach Absprache mit dem Kinderarzt oder der Kinderärztin kann der Einsatz von speziellen probiotischen Präparaten den Aufbau einer gesunden Darmflora (Mikrobiota) unterstützen. Bedenken Sie auch, dass jede Antibiotikumgabe mit Beeinträchtigungen der körpereigenen Darmflora einhergeht. Wenn nötig, dann begleiten Sie eine solche Therapie unbedingt mit darmunterstützenden Maßnahmen.
- Stark säurehaltige, säurebildende und aggressive Lebensmittel sollten ebenso wie **Fertigprodukte und Lebensmittelzusatzstoffe** gemieden werden. Dies ist vor allem beim Übergang in die Familienkost relevant. Hochwertige native und kalt gepresste Pflanzenöle liefern wertvolle essenzielle Fettsäuren, die im Körper zahlreiche zellschützende und entzündungshemmende Wirkungen haben. Bereits 1 TL Nachtkerzen- oder Hanfsamenöl (beide reich an Gamma-Linolensäure GLA) kann bei Hautbeschwerden gute Dienste leisten.
- **Immunstärkende Maßnahmen** wie ansteigende Fußbäder, Wickel und Waschungen (z. B. im Rahmen Kneipp'scher Anwendungen) stärken Ihr Baby von klein auf. Ausreichend **frische Luft** und **Sonnenlicht** sowie die Möglichkeit zu einem **ausgewogenen Bewegungsverhalten** unterstützen eine gesunde Entwicklung.
- Vermeiden Sie alle belastenden **Schadstoffe in der Umgebung** und im Kontakt mit Ihrem Kind. Insbesondere bei Spielsachen, Textilien, Pflegeprodukten und Nahrungsmitteln sollten Sie auf biologische und schadstofffreie Produkte achten.
- Sorgen Sie, besonders bei akuten Beschwerden, für **Wohlbefinden und Entspannung** bei Ihrem Baby. Das kann geschehen durch eine zärtliche Babymassage, Vorsingen, altersgerechte Bewegungsspiele und jede andere Art der liebevollen Zuwendung und Harmonie. Das Wertvollste, was Sie Ihrem Kind schenken können, ist Ihre Zeit und Zuneigung!
- Und ganz wichtig: **Stressreduktion!** Vermeiden Sie alles, was für Ihr Kind unnötigen Stress oder psychische Belastung bedeutet. Auch das übermäßige Thematisieren der Unverträglichkeit sollte vermieden werden. So gelingt es Ihnen, die Ernährung entspannt und unkompliziert zu gestalten.

ALLES AUF EINEN BLICK

REZEPTE

NACH KAPITELN UND ALTERSGRUPPEN

Familienrezepte sind mit → markiert.

DER ERNÄHRUNGSPLAN FÜR DAS 1. LEBENSJAHR

Gemüsebrei (Gemüse-Kartoffel/Getreide-Fleisch/Fisch/Ei/ Hülsenfrüchte-Brei) 55
Milchbrei (Milch-Getreide-Brei) 57
Obstbrei (Obst-Getreide-Brei) 58
Frühstück 59

GRUNDREZEPTE

Gemüsebrei 63
Gemüse-Kartoffel-Brei 63
Gemüse-Getreide-Brei 64
Gemüse-Kartoffel/Getreide-Fleisch/Fisch/Ei-Brei 65
Vegetarischer Gemüse-Getreide-Brei 66
Vegetarischer Gemüse-Getreide-Linsen-Brei 67
Milch-Getreide-Brei 68
Obst-Getreide-Brei 69

5.–7. MONAT

Gemüsebrei 72
Pastinakenbrei 72
Karottenbrei 72
Zucchinibrei 73
Kürbisbrei 73
Erbsen-Hafer-Brei 74
Brokkoli-Pastinaken-Kartoffel-Brei 76
Zucchini-Spinat-Hirse-Brei mit Birne 77
Kartoffel-Ei-Erbsen-Brei 78
Maisgrieß-Linsen-Auberginen-Zucchini-Brei 78
Süßkartoffel-Mais-Couscous-Brei 79
Zucchini-Reis-Kalbfleisch-Brei 80
Kürbis-Nudel-Puten-Brei 81
Blumenkohl-Kartoffel-Brei 82
→ Blumenkohl-Kartoffel-Plätzchen mit Joghurtdip 82
Spinat-Buchweizen-Brei 83

→ Überbackene Spinat-Buchweizen-Pfannkuchen 83
Gemüse-Hirse-Rindfleisch-Brei 84
→ Gefüllte Wirsingröllchen 84
Karotten-Kartoffel-Kalbfleisch-Brei 86
→ Kalbstafelspitz mit Kartoffelpüree und Karottengemüse 86
Zucchini-Süßkartoffel-Lachs-Brei 87
→ Süßkartoffel-Lachs-Auflauf 87
Obstbrei 88
Apfelmus 88
Birnenmus 88
Brombeer-Bananen-Mus 90
Aprikosen-Pfirsich-Mus 91
Apfel-Bananen-Zwieback-Brei 92
Aprikosen-Hirse-Haferbrei 94
→ Süßer Aprikosen-Hafer-Auflauf 94
Mirabellen-Hafermilch-Dinkel-Brei 95
→ Hafermilch-Grieß-Brei mit Mirabellenmus 95
Apfel-Dinkel-Brei 96
→ Apple Crumble 96
Milchbrei 98
Birnenmilchreis 98
Milch-Dinkel-Apfel-Brei 98
Milch-Nektarine-Amaranth-Reis-Brei 100
→ Energiekugeln, nicht nur für stillende Mamas 100
Milch-Zwetschgen-Dinkel-Brei 102
→ Kastanienmehl-Dinkelflocken-Blinis mit Zwetschgenmus 102

8.–10. MONAT

Gemüsebrei 106
Kürbis-Haferflocken-Brei 106
Karotten-Zucchini-Bandnudeln 107
Fenchel-Bohnen-Hirse-Brei 108
Rote-Bete-Kartoffel-Rindfleisch-Brei 109
Erbsen-Hirse-Lachs-Brei 111
Fenchel-Kartoffel-Seelachs-Brei 112
Brokkoli-Apfel-Kartoffel-Brei 114
→ Brokkoli-Kartoffel-Puffer 114
Gemüse-Hirse-Linsen-Brei 115
→ Gefüllte Linsen-Hirse-Paprika 115
Erbsen-Karotte-Spinat-Ei-Nudel-Brei 116
→ Warmer Nudelsalat 116
Kürbis-Reis-Hühnchen-Brei 118
→ Kürbis- Hühnchen-Risotto 118
→ Karotten-Couscous-Fleisch-Bällchen 119

Paprika-Zucchini-Reis-Seelachs-Brei 120
→ Gedünsteter Seelachs mit Gemüse-Risotto 120
Obstbrei 122
Beeren-Haferflocken-Brei 122
Pfirsich-Dinkel-Brei 124
Feigen-Couscous-Kokos-Brei 125
→ Warmer Kokos-Couscous 125
Milchbrei 126
Milch-Pfirsich-Hafer-Brei 126
Milch-Bananen-Gerste-Brei 127
Milch-Zwetschgen-Reis-Brei 128
→ Milchreis mit Zwetschgenkompott 128

AB DEM 11. MONAT – FAMILIENREZEPTE

Gemüsebrei 132
→ Bunte Nudelpfanne 132
→ Zwergen-Ratatouille 134
→ Brokkoli-Käse-Spätzle 134
→ Gemüseeintopf 136
→ Grünkern-Gemüse-Taler 138
→ Kürbisgnocchi in Sahnesoße 139
→ Baby-Bolognese 140
→ Putenbrustmedaillons mit buntem Gemüsereis 141
→ Lachs im Couscous-Gemüse-Kräuter-Bett mit Erbsenpüree 142
Obstbrei 143
→ Aprikosen-Birnen-Hirse-Brei 143
→ Kirschen-Haferflocken-Brei 144
→ Polentaschnitten mit Fruchtsoße 146
Milchbrei 147
→ Aprikosen-Grieß-Brei 147
→ Birnen-Nuss-Rahm-Strudel 148

BACKREZEPTE & FINGERFOOD

Feine Dinkel-Milch-Brezeln 152
Oma Monis Biskuitwaffeln 153
Zwieback 154
Tomtes Dinkelpfannkuchen 155
Dinkel-Mais-Toastbrot 156
Toastbrot mit Mandelmus-Apfel-Kompott 158
Apfelbrötchen 160
Saftiger Kürbisschmarren 162
Heidelbeer-Apfel-Muffins 163

BREIREZEPTE
MIT ALTERSANGABEN

GEMÜSEBREI (GEMÜSE-KARTOFFEL/GETREIDE-FLEISCH/FISCH/EI/HÜLSENFRÜCHTE-BREI)

Blumenkohl-Kartoffel-Brei (5.–7. M.) 82
Brokkoli-Apfel-Kartoffel-Brei (8.–10.) 114
Brokkoli-Pastinaken-Kartoffel-Brei (5.–7. M.) 76
Erbsen-Hafer-Brei (5.–7. M.) 74
Erbsen-Hirse-Lachs-Brei (8.–10. M.) 111
Erbsen-Karotte-Spinat-Ei-Nudel-Brei (8.–10. M.) 116
Fenchel-Bohnen-Hirse-Brei (8.–10.) 108
Fenchel-Kartoffel-Seelachs-Brei (8.–10. M.) 112
Gemüse- Hirse-Rindfleisch-Brei (5.–7. M.) 84
Gemüse-Getreide-Brei (Grundrezept) 64
Gemüse-Hirse-Linsen (8.–10.) 115
Gemüse-Kartoffel-Brei (Grundrezept) 63
Gemüse-Kartoffel-Fleisch-Brei (Grundrezept) 65
Gemüse-Getreide-Fleisch-Brei (Grundrezept) 64
Karottenbrei (5.–7. M.) 72
Karotten-Kartoffel-Kalbfleisch-Brei (5.–7. M.) 86
Karotten-Zucchini-Bandnudeln (8.–10. M.) 107
Kartoffel-Ei-Erbsen-Brei (5.–7.M.) 78
Kürbisbrei (5.–7. M.) 73
Kürbis-Haferflocken-Brei (8.–10.) 106
Kürbis-Nudel-Puten-Brei (5.–7. M.) 81
Kürbis-Reis-Hühnchen-Brei (8.–10. M.) 118
Maisgrieß-Linsen-Auberginen-Zucchini-Brei (5.–7. M.) 78
Paprika-Zucchini-Reis-Seelachs-Brei (8.–10. M.) 120
Pastinakenbrei (5.–7. M.) 72
Rote-Bete-Kartoffel-Rindfleisch-Brei (8.–10. M.) 109
Spinat-Buchweizen-Brei (5.–7. M.) 83
Süßkartoffel-Mais-Couscous-Brei (5.–7. M.) 79
Vegetarischer Gemüse-Getreide-Brei (Grundrezept) 66
Vegetarischer Gemüse-Getreide-Linsen-Brei (Grundrezept) 67
Zucchini-Reis-Kalbfleisch-Brei (5.–7. M.) 80
Zucchinibrei (5.–7. M.) 73
Zucchini-Spinat-Hirse-Brei mit Birne (5.–7. M.) 77
Zucchini-Süßkartoffel-Lachs-Brei (5.–7. M.) 87

MILCHBREI (MILCH-GETREIDE-BREI)

Aprikosen-Grieß-Brei (ab 11. M.) 147
Birnenmilchreis (5.–7. M.) 98
Milch-Bananen-Gerste-Brei (8.–10.) 127
Milch-Dinkel-Apfel-Brei (5.–7. M.) 98
Milch-Getreide-Brei (Grundrezept) 68
Milch-Nektarine-Amaranth-Reis-Brei (5.–7. M.) 100
Milch-Pfirsich-Hafer-Brei (8.–10.) 126
Milch-Zwetschgen-Dinkel-Brei (5.–7. M.) 102
Milch-Zwetschgen-Reis-Brei (8.–10.) 128

OBSTBREI (OBST-GETREIDE-BREI)

Apfel-Bananen-Zwieback-Brei (5.–7. M.) 92
Apfel-Dinkel-Brei (5.–7. M.) 96
Apfelmus (5.–7. M.) 88
Aprikosen-Birnen-Hirse-Brei (ab 11. M.) 143
Aprikosen-Hirse-Haferbrei (5.–7. M.) 94
Aprikosen-Pfirsich-Mus (5.–7. M.) 91
Beeren-Haferflocken-Brei (8.–10.) 124
Birnenmus (5.–7. M.) 88
Brombeer-Bananen-Mus (5.–7. M.) 90
Feigen-Couscous-Kokos-Brei (8.–10.) 125
Kirschen-Haferflocken-Brei (ab 11. M.) 144
Mirabellen-Hafermilch-Dinkel-Brei (5.–7. M.) 95
Obst-Getreide-Brei (Grundrezept) 69
Pfirsich-Dinkel-Brei (8.–10.) 124

FAMILIENESSEN

FAMILIENREZEPTE

Apfelbrötchen 160
Apple Crumble 96
Aprikosen-Birnen-Hirse-Brei 143
Aprikosen-Grieß-Brei 147
Aprikosen-Hafer-Auflauf, süßer 94
Baby-Bolognese 140
Birnen-Nuss-Rahm-Strudel 148
Blumenkohl-Kartoffel-Plätzchen mit Joghurtdip 82
Brokkoli-Kartoffel-Puffer 114
Brokkoli-Käse-Spätzle 134
Dinkel-Mais-Toastbrot 156
Dinkel-Milch-Brezeln, feine 152
Energiekugeln, nicht nur für stillende Mamas 100
Gemüseeintopf 136
Grünkern-Gemüse-Taler 138
Hafermilch-Grieß-Brei mit Mirabellenmus 95
Heidelbeer-Apfel-Muffins 163
Kalbstafelspitz mit Kartoffelpüree und Karottengemüse 86
Karotten-Couscous-Fleisch-Bällchen 119
Kastanienmehl-Dinkelflocken-Blinis mit Zwetschgenmus 102
Kirschen-Haferflocken-Brei 144
Kokos-Couscous, warmer 125
Kürbis- Hühnchen-Risotto 118
Kürbisgnocchi in Sahnesoße 139
Kürbisschmarren, saftiger 162
Lachs im Couscous-Gemüse-Kräuter-Bett mit Erbsenpüree 142
Linsen-Hirse-Paprika, gefüllte 115
Milchreis mit Zwetschgenkompott 128
Nudelpfanne, bunte 132
Nudelsalat, warmer 116
Oma Monis Biskuitwaffeln 153
Polentaschnitten mit Fruchtsoße 146
Putenbrustmedaillons mit buntem Gemüsereis 141
Seelachs, gedünsteter, mit Gemüse-Risotto 120
Spinat-Buchweizen-Pfannkuchen, überbackene 83
Süßkartoffel-Lachs-Auflauf 87
Toastbrot mit Mandelmus-Apfel-Kompott 158
Tomtes Dinkelpfannkuchen 155
Wirsingröllchen, gefüllte 84
Zwergen-Ratatouille 134
Zwieback 154

WEGWEISER ZUTATEN

Amaranth 34, 45, 100
Apfel 24 f., 26, 27, 55, 58, 88, 92, 96, 98, 114, 158, 160, 163
Aprikose 24 f., 26, 27, 44, 58, 91, 94, 143, 147
Aubergine 78
Avocado 26, 45, 49
Banane 26, 27, 49, 58, 90, 92, 127
Beeren 24 f., 26, 27 f., 44, 49, 58, 122, 144, 146, 163
Birne 25, 26, 28 f., 49, 55, 58, 77, 88, 98, 143, 148
Blumenkohl 26, 30, 44, 49, 82, 141
Bohne 26, 30, 31, 45, 108
Brokkoli 24, 26, 30, 44, 45, 49, 76, 114, 135, 138, 141
Buchweizen 34, 83
Bulgur 34 f., 37, 55
Butter 37, 60
Couscous 37, 55, 57, 79, 119, 125, 142
Dinkel 34, 36, 57, 95, 96, 98, 102, 124, 152, 155, 156
Ei 78
Erbse 26, 30 f., 44, 49, 74, 78, 111, 116, 136, 142
Feige 26, 29, 125
Fenchel 25, 26, 31, 45, 55, 108, 112, 136
Gerste 36, 127
Getreide(flocken) (s.a. einzelne Getreidearten) 64, 65, 66, 67, 68, 69
Grünkern 36, 138
Grünkohl 26, 45
Gurke 25, 26, 31
Hafer(flocken) . 34, 36, 44, 45, 55, 57, 74, 94, 106, 122, 126, 144
Hafermilch 94, 95
Hirse 34, 36, 44, 45, 55 77, 84, 94, 108, 111, 115, 143
Hühnchen 41, 118, 119
Hühnerei 41, 45, 49, 174 f.
Hülsenfrüchte 31, 45 , 67, 7 8, 84, 111, 118, 136
Kalbfleisch 40, 65, 80, 86
Karotte 24, 26, 31, 55 f., 72, 86, 107, 114, 115, 116, 119, 132, 136, 138, 141, 142
Kartoffel 19, 22, 31 f., 45, 49, 55 f., 63, 65, 76, 82, 86, 109, 112, 114, 136, 139
Kirsche 25, 26, 29, 144
Kohlrabi 26, 32, 45
Kokos 100, 125
Kürbis 24, 26, 32, 44, 55 f., 73, 81, 106, 118, 139, 162
Lachs 41, 87, 111, 142
Lammfleisch 40, 65
Linsen 31, 67, 78, 115
Mais/Kukuruz 26, 34, 36, 45, 49, 78, 79, 156
Margarine 39
Melone 26, 29
Milch(produkte) 15 ff.,42, 45, 2, 53, 57 f., 68, 98, 100, 102, 126, 127, 128, 152
Mirabelle 24, 26, 95
Nudeln 47, 49, 55, 81, 107, 116, 132, 140
Nüsse 44, 45
Nussmus 39
Öl/Pflanzenöl 38 f.
Paprika 24 f., 26, 32, 115, 120, 134, 142
Pastinake 26, 32, 44, 55 f., 72, 76

Pfirsich 25, 26, 29, 49, 58, 91, 124, 126
Pflaume 26, 29
Polenta 57, 146
Putenfleisch 41, 81, 141
Reis 34, 36 f., 49, 55, 57, 80, 98, 100, 118, 120, 128, 134, 141
Rhabarber 26, 32
Rindfleisch 40, 44, 65, 84, 109, 140
Rote Bete 25, 26, 32 f., 44, 109
Samen 44, 45
Schweinefleisch 40
Seelachs 41, 112, 120
Spargel 26, 33
Spinat 25, 26, 33, 45, 77, 83, 116
Südfrüchte 29
Süßkartoffel 79, 87
Tomate 24 f., 26, 33, 115, 134
Weizen 37
Zucchini 25, 26, 33, 55 f., 73, 77, 78, 80, 87, 107, 115, 120, 132, 134
Zwetschge 24, 26, 102, 128
Zwieback 58, 60, 92, 154

WEGWEISER ERNÄHRUNG

Nach diesen Themen suchen Eltern meiner Erfahrung nach besonders häufig.

Allergie/Allergieprophylaxe 170 ff.
Baby-led Weaning (BLW) 48 f.
Beikostempfehlungen 15
Beikostöl 13, 38 f.
Beikostplan 52, 171
Beikostreife (Reifezeichen) 15 , 42, 48, 49
Breimenge 12, 17, 19
Darmflora/Mikrobiota 176 f.
Einfrieren/auftauen 22 f., 88
Eisen 12, 27–45, 53 ff.
Essflaute 17
Familienmahlzeit 15, 17 f., 59
Fingerfood 12, 16, 46–49, 52, 62, 167
Fingerfood-basierte-Beikosternährung (FfbB) 48 f.
Fünf-am-Tag-Regel 24
Gluten 34
Honig 62, 100
Löffel 16, 18 f.
Mahlzeiten 12, 17 ff.„ 48, 52 ff.
Muttermilch 15 f., 20, 42, 44, 49, 52, 170
Nährstoffquellen 45
Nitrat 25
Pflanzenstoffe, sekundäre 24 ff., 42
Phytoöstrogene 42
Pinzettengriff 47 ff.
Portionsgröße 12 f., 166
Quetschie 168
Saisonkalender 26
Sitzen 15, 18, 48
Stillen 15 ff., 20, 53 f. , 171 f., 175 f.
Trinken 20 f., 166 f.
Vegetarische Beikost 43 ff., 55, 66
Vegane Beikost 43 ff.
Vorrat 22 f., 88

NÜTZLICHE ADRESSEN

Deutsche Gesellschaft für Ernährung e. V.
Godesberger Allee 18, 53175 Bonn
www.dge.de

Bundeszentrum für Ernährung (BZfE)
Kompetenz- und Kommunikationszentrum
für Ernährungsfragen in Deutschland
Deichmanns Aue 29, 53179 Bonn
www.bzfe.de

Netzwerk Gesund ins Leben
Leicht verständliche, alltagsnahe und unabhängige
Informationen für Schwangere und junge Eltern
www.gesund-ins-leben.de

Verbraucherzentrale Bayern e. V.
Mozartstraße 9, 80336 München
www.verbraucherzentrale-bayern.de

Bundesinstitut für Risikobewertung
Postanschrift: Postfach 126942, 10609 Berlin
www.bfr.bund.de/de/start.html

Deutsche Gesellschaft für Kinder- und Jugendmedizin (DGKJ)
Empfehlungen rund um die Kindergesundheit
www.dgkj.de

ÖGKJ – Österreichische Gesellschaft für Kinder- und Jugendheilkunde
www.paediatrie.at

Richtig essen von Anfang an!
Gemeinschaftsprojekt von AGES, Bundesministerium für Arbeit,
Soziales, Gesundheit und Konsumentenschutz sowie dem
Hauptverband der österreichischen Sozialversicherungsträger
www.richtigessenvonanfangan.at

LITERATUR/QUELLEN

- Die Referenzwerte für die Nährstoffzufuhr Deutsche Gesellschaft für Ernährung e. V., www.dge.de/wissenschaft/referenzwerte (Zugriff 11.03.2026)
- S3-Leitlinie Allergieprävention Update 2022
- S3-Leitlinie Stilldauer 2026
- Alle Daten zum Nährwertgehalt in Lebensmitteln stammen aus der Datenbank SFKDB (Souci-Fachmann-Kraut-Datenbank): www.sfk.online/#/home (Zugriff 10.08.2018)
- Monatsschrift Kinderheilkunde, Sonderdruck Ernährung und Bewegung von Säuglingen und stillenden Frauen – Aktualisierte Handlungsempfehlungen, 4. Auflage 2024: https://www.ble-medienservice.de/3291/ernaehrung-und-bewegung-von-saeuglingen-und-stillenden-frauen-aktualisierte-handlungsempfehlungen3 (Zugriff 11.03.2026)
- https://www.gesund-ins-leben.de/fuer-fachkreise/bestens-unterstuetzt-durchs-1-lebensjahr/handlungsempfehlungen/essenlernen/beachtung-von-hunger-und-saettigung/ (Zugriff 11.03.2026)

DANK VON NATALIE STADELMANN

DANKE …

… meiner Familie, die mich jeden Tag aufs Neue bereichert, inspiriert und mit unendlich viel Glück und Freude beschenkt. Meine vier Mädels: Ohne euch gäbe es dieses Buch nicht, denn erst als Mama habe ich von und mit euch gelernt und die Erfahrungen gemacht, die ich so weitergeben darf.

DANKE …

… allen Mamas, Papas, Omas, Opas und ihren Beikost-Babys, die mich in zahlreichen Kursen und Beratungsgesprächen immer wieder inspirieren und die mit Fragen und Anregungen zu vielen Inhalten in diesem Buch beigetragen haben.

DANKE …

… an den Kneipp Verlag Wien, insbesondere Elisabeth Fantner -Blasch und Ilka Grunenberg, sowie die Styria Buchverlage, die meinem ersten Titel „Babybrei“ zu solchem Erfolg verholfen haben und nun auch diesem Buch ihr Vertrauen, ihre Kompetenz und ihr Engagement schenken.

Natalie Stadelmann
Was Kinder brauchen, um gesund groß zu werden

Selbstwirksamkeit, starke Ressourcen und eine ganzheitliche Hausapotheke

Klappenbroschur,
16,8 x 24,0 cm, 192 Seiten
ISBN: 978-3-7088-0866-6

DER GESUNDHEITSKOMPASS FÜR DIE GANZE FAMILIE

Fieber, Husten, Bauchweh – und plötzlich ist nichts mehr wie geplant. Wir Eltern müssen dabei Unsicherheiten aushalten, verantwortungsvoll handeln und gleichzeitig das Familienleben liebevoll gestalten. Was hilft jetzt also wirklich? Wie können wir einfühlsam und kompetent für unsere Kinder da sein? Wann benötigt es die Unterstützung durch Apotheke oder Arztpraxis?
Für alle, die in Krankheitsphasen nicht nur reagieren, sondern mit Klarheit und Zuversicht für ihr Kind da sein wollen.

Aus dem Inhalt

Was wirklich hilft – verständlich erklärt
- Von Apfel bis Zwiebel: die 21 besten Gesundheits- und Hausmittel
- Natürliche Heilmethoden für typische Kinderkrankheiten
- Strategien für weniger Stress & mehr Gelassenheit
- Starke Immunabwehr durch Ernährung & Naturheilkunde

Bildnachweis

Barbara Lutterbeck: 75, 89, 93, 99, 110, 113, 123, 133, 137, 145, 161, 173, 178
Simon Vollmeyer: 85, 97, 101, 103, 117, 121, 129, 149, 150, 157, 159, 164
Getty Images: 16 (PhotoAlto_Ale Ventura), 19 (margouillatphotos), 20 (Aynur_sib), 21 (Johnny reig), 22 (monkeybusinessimages), 23 (Wiktory), 24 u. 46 (SteveÝebenport), 25 (a_namenko), 28 (wakila), 30 (tatyana_tomsickova), 33 (p_ponomareva), 36 (ansonmiao), 38 (Eerik), 40 (happy_lark), 43 (etienne voss), 49 (IL), 57 (elkor), 59 (SbytovaMN), 167 (Alina Demidenko), 169 (romrodinka), 171 (kjekol)
iStock: 165 (FamVeld)
pitopia: 166 (Wajopi)
Freepik: 2, 4, 6, 9, 35, 54, 60, Cover vorne
Thomas Stadelmann: hintere Klappe
Tina Defaux: Illustrationen

Liebe Leserin, lieber Leser,
hat Ihnen dieses Buch gefallen? Dann freuen wir uns über Ihre Weiterempfehlung. Erzählen Sie davon im Freundeskreis, berichten Sie Ihrer Buchhändlerin oder bewerten Sie beim Onlinekauf.
Wünschen Sie weitere Informationen? Möchten Sie mit der Autorin in Kontakt treten?
Wir freuen uns auf Austausch und Anregung unter post@styriabooks.at

Inspiration, Geschenkideen und gute Geschichten finden Sie auf www.styriabooks.at

styriabuchverlage

Haftungsausschluss

Dieses Buch wurde mit größter Sorgfalt und auf der Grundlage aktueller wissenschaftlicher Erkenntnisse erstellt. Dennoch kann es nicht den Rat eines Kinderarztes, einer Hebamme oder Ernährungsexpertin ersetzen. Der Verlag und die Autorin übernehmen keine Haftung für Personen-, Sach- oder Vermögensschäden.

STYRIA
BUCHVERLAGE

Wien - Graz

ISBN 978-3-222-14031-0

Bücher aus der Verlagsgruppe Styria gibt es
in jeder Buchhandlung und im Online-Shop
www.styriabooks.at

Cover- und Buchgestaltung: Tina Defaux
Projektleitung: Ilka Grunenberg

Druck und Bindung: Florjancic
Printed in the EU
10 9 8 7. ergänzte Auflage.